Gunter Stark

DAS BÖSE WORT
-und doch wird alles wieder gut!

Zu diesem Buch

Im Grunde genommen hat man dann ein erfülltes Leben, wenn es in seiner ganzen Bandbreite mit allen möglichen Facetten gelebt wurde. Mit allen Höhen und Tiefen, mit all seinen Licht- und Schattenseiten.

Wenn man dir dann im Alter von sechsundsechzig Jahren die Diagnose einer lebensbedrohenden Erkrankung an einem deiner wichtigsten inneren Organe mitteilt, bist du wie vor den Kopf gestoßen und glaubst, dass jetzt erst einmal alles vorbei ist.

Dann, mit der Zeit, wirst du Realist und fügst dich dem, was getan werden muss, um sicherstellen überleben zu dürfen.

Schlägt eine solche Zäsur, wie ich sie erlebt habe ein, sind die Grundmauern des glücklichen und erfüllten Lebens massiv erschüttert. Diese oftmals aus heiterem Himmel kommende Krise ist eine Herausforderung des Schicksals welche, egal, in welcher Richtung und Intensität die Krankheit auch verläuft, nur gemeinsam mit der Familie bewältigt werden kann.

Ich bin auf die Achterbahnfahrt zwischen Hoffen und Bangen aufgesprungen und werde, bis sie irgendwo und irgendwann enden wird, mitfahren.

Gunter Stark

DAS BÖSE WORT

-und doch wird alles wieder gut!

Text Copyright © 2015 Gunter Stark
Alle Rechte vorbehalten.
Umschlaggestaltung: Gunter Stark/ BoD
Umschlagbild: Eezy
Herstellung und Verlag: BoD – Books on
*   Demand, Norderstedt*
ISBN: 978-3-7392-3402-1
Printed in Germany

Dieses Buch widme ich meiner Frau und meinen Kindern, die mich in den vielen Jahren meiner Krankengeschichte unterstützt und immer wieder aufgebaut haben.

Sich selbst, der Familie und auch Freunden gegenüber meidet man das „Böse Wort" wie der Teufel das Weihwasser!

Ich habe lange mit mir gerungen und viel darüber nachgedacht, ob ich dieses Buch schreiben soll. Da ich nicht weiß, was noch vor mir liegt und wie es einmal enden wird, bin ich nun doch dazu bereit mein Leben und Schicksal in Worte zu fassen und der Nachwelt zu hinterlassen. Auch soll es Leidensgenossen Mut machen nach vorne zu schauen und für das Leben zu kämpfen.

Begonnen hat mein Leidensweg schon im frühen Kindes-und Jugendalter. Ich kann mich noch daran erinnern, dass ich mit meiner Mutter bei einem Orthopäden war und der mich wegen meiner etwas schiefen Oberkörperhaltung an den Beinen aufhängte. Er wollte damit erreichen, dass sich meine Wirbelsäule streckt und so die Körpersymmetrie wieder hergestellt, oder zumindest verbessert, wird. Gebracht hat das damals nichts. Meine Frau sagt noch heute, dass ich eine Schieflage nach rechts habe und ermahnt mich öfters, den Oberkörper gerade zu halten und mich bewusster zu bewegen.

Mit sechzehn entfernte man mir die Mandeln und mit achtzehn den Blinddarm.

Obwohl ich, was den Lebensstil anbelangt, nicht üppig und mir selbst gegenüber verantwortungslos gelebt habe, hat mich dann doch schon relativ früh die Volkskrankheit „zu hohe Blutfettwerte und Bluthochdruck" eingeholt und in Beschlag genommen. Entsprechende Gegenmittel sind seit Jahren mein Begleiter, regelmäßige Untersuchungen bestätigen bis auf eine einmal aufgetretene Blutdruckattacke den Erfolg der Therapie.

Damals stellten sich am Morgen nach der Heimkehr von einer Herrentour in den Bayrischen Bergen starke Schmerzen in der Magengegend ein, welche in Rücken und Brust sowie in den Kieferbereich ausstrahlten. Obwohl das die Symptome eines Herzinfarkts waren und hier eigentlich der Einsatz eines Notarztes nötig gewesen wäre, ließ ich mich von meiner Frau zu meinem in der Nachbargemeinde ansässigen Hausarzt fahren. Das sofort eingeleitete EKG bestätigte die Annahme des Infarkts zunächst nicht. Besorgniserregend jedoch waren ein sehr hoher Puls und ein Blutdruck, welcher mit 220/160 die Gefahr eines Schlaganfalls aufkommen ließ.

Selbst der mehrmalige Einsatz von Nitro-Spray brachte keine Reduktion und so wurde ich, weil in unserer städtischen Klinik kein Bett auf der Intensivstation frei war, in ein zwanzig Kilometer entfernt gelegenes Tochter-Klinikum gebracht.

Während der Fahrt in dem alten klapprigen Rettungswagen wurde weiter gemessen und gesprayt, jedoch ohne den bedrohlich hohen Blutdruck reduzieren zu können.

Obwohl die Fahrt über eine Schnellstraße mit noch einigermaßen guter Fahrbahndecke verlief, war der Transport für mich eine einzigartige Tortur. Es rappelte und schepperte in allen Ecken und auf der Trage liegend, wurde man richtig durchgerüttelt. Es hatte den Anschein, dass jede kleinste Unebenheit oder jedes Splitt-Körnchen sich noch oben hin x-fach potenzierte und den Wageninnenraum zum Beben brachte. Nach Aussage des mich betreuenden Notarztes war der Sanka schon zweimal der Verschrottung entgangen und aus Budgetgründen immer noch im Einsatz. Ich bin heute noch der Meinung, dass wenn ein Unfallopfer einen Unfall überlebt hat und schwer verletzt in einem solchen Wagen transportiert wird, große Chancen hat, doch noch in die ewigen Jagdgründe einzuziehen.

In der Klinik angekommen wurde als Erstes ein Herz-Ultraschall gemacht, welches ebenfalls keinen eindeutigen Hinweis auf einen Infarkt erbrachte.

Auf der Intensivstation wurde ich mit einer Schmerzmittel-Pumpe verheiratet und die gleichmäßige Injektion einer Nitro-Lösung eingeleitet. Nach fünf Stunden war es dann geschafft, die Blutdruckwerte befanden sich wieder nahezu im Normalbereich. Ich verbrachte die Nacht auf der Intensivstation und kam am nächsten Morgen auf ein Dreibettzimmer der Abteilung Innere Medizin.

Nach einem dreitägigen Untersuchungs-Marathon stand dann endlich fest, dass wohl eine massive Magenschleimhautentzündung die Ursache für die Attacke gewesen sein müsse und ich herzkreislaufmäßig völlig in Ordnung sei.

Eine Überraschung gab es dann doch noch am Morgen des Entlassungstages. Ein Pfleger teilte mir mit, dass ich in einer halben Stunde abgeholt und zu einer Herzkatheter-Untersuchung in die Haupt-Klinik gefahren werde. Bass erstaunt, und bezogen auf die bisherigen Untersuchungs-Ergebnisse ungläubig, lag ich da und wartete darauf, dass die Tür aufging und man mich abholte.

Was war das denn jetzt?

Hatte man doch etwas übersehen und wollte sich jetzt mit einer solch intensiven Untersuchung Gewissheit verschaffen? Ich hatte schon eine Menge über Herzkatheter-Untersuchungen gehört und auch, dass es zu Komplikationen, wie auch zu einem Herzinfarkt, kommen kann.

Während ich noch aufgeregt darüber nachdachte, was jetzt alles passieren könnte, kam der Pfleger abermals herein und melde freudestrahlend Entwarnung. Ich sei gar nicht gemeint gewesen, nämlich ein anderer Patient, der zufällig meinen Namen, allerdings Gunter mit „h", trug und zwei Zimmer weiter Quartier bezogen hatte.

Nach Operationen, in der Aufzählung am unteren Körperende beginnend, wie Korrektur von Krähenzehen und Hallux an beiden Füßen, dem Ersatz der beiden inneren Kniegelenke durch Titankappen und Kunststoffscheiben sowie eines Karpaltunnel-Syndroms an der rechten Hand, erhielt ich dann vor vier Jahren nach mehreren Arztbesuchen die Diagnose „Gicht".

Besonders nachts hatte ich wahnsinnige Schübe in den Fingergelenken und oftmals auch in der ganzen Hand.

Meine Harnstoffwerte lagen im Grenzbereich und somit konnte es nach Meinung der Ärztin in der Handsprechstunde eigentlich nur Gicht sein. Ich solle um Gottes willen keinen Alkohol trinken und morgens eine Tablette namens „Allopurinol" zu mir nehmen. Auf meine Frage hin, ob das mit dem Alkohol endgültig sei, bekam ich die Antwort, dass ich schon mal jeden dritten, vierten Tag ein Bierchen oder ein Glas Wein trinken dürfe. Spaßeshalber habe ich daraufhin gesagt, dass ich an den genannten Tagen wahrscheinlich gar keinen Durst auf Alkohol haben werde.

Die Ärztin hat mich verächtlich angesehen und bemerkt, dass man auch ohne Alkohol sehr gut leben könne. Sie selbst habe seit ihrem achtzehnten Geburtstag keinen Tropfen mehr angerührt. Ich dachte noch, dass sie wahrscheinlich an diesem Abend so betrunken war, dass es für den Rest ihres Lebens gereicht hat.

Ich nahm die Tabletten, googelte im Internet und fand in verschieden Foren diverse Aussagen zu diesem Thema sowie die speziellen Behandlungsmethoden vieler Leidensgenossen.

Da es rund vierhundert verschiedene Rheuma-Arten gibt und nahelag, dass ich eine davon eingefangen hatte, bin ich dem Hinweis eines Bekannten gefolgt und vereinbarte einen Termin bei einem allseits anerkannten Rheumatologen in einem der Universitätsklinik Gießen angeschlossenen Balserschen Stift. Nach weiteren Blut/Röntgen-und MRT-Untersuchungen und der Diagnose „Rheumatoide Arthritis" stand fest, dass ich diesbezüglich unheilbar krank sei und mein zukünftiges Leben nur durch Einnahme von massiven Schmerzhämmern einigermaßen zu ertragen wäre.

Die Schmerzursache sind winzige Kristalle, welche sich in den Gelenken absetzen und unter wahnsinnigen Schmerzen langsam aber stetig eine Deformation und Zersetzung bewirken. Die infolgedessen angezeigte Verabreichung von harten und entzündungshemmenden Rheumamitteln bewirkt bei länger dauernder Therapie einen Teufelskreis mit Magenschleimhaut-Problemen und führt mit großer Wahrscheinlichkeit auch zu massiven Nierenproblemen, bis hin zu Insuffizienz mit Endstation Dialyse.

Ich ließ nicht locker und suchte im Internet nach Alternativen, jetzt vorrangig aus dem Bereich der Naturheilkunde. Gute Ergebnisse schilderten Patienten mit einer über Monate andauernden Trinkkur von Wasser, Apfelessig und Bienenhonig. Dreimal täglich ein Glas Wasser, mit zwei bis drei Teelöffeln Apfelessig angereichert und einem Teelöffel Bienenhonig gesüßt, über Monate getrunken, wurde als wahres Wundermittel beschrieben.

Auch wenn man den Angaben der Menschen im Internetforum Glauben schenkt und die Entscheidung für diese Kur gefällt hat, bedarf es einer konsequenten, sehr lange dauernden Zeit der Selbstdisziplin und einer großen Portion Hoffnung darauf, dass irgendwann eine Schmerzlinderung zu verspüren sein wird.

Nach vielen bei Tag und Nacht auftretenden Schüben und entsprechend schlaflosen Nachtstunden konnte ich nach etwa vier bis fünf Monaten schon tagsüber eine Schmerzlinderung verspüren und bald danach, auch nachts. Es war ein Gefühl großer Erleichterung, eine noch vor wenigen Monaten nicht geahnte neue Lebensqualität mit einem zumindest auszuhaltenden Schmerzpegel begann.

Ich führte die Kur noch etwa drei Monate fort. Danach und auch heute nur noch, wenn das Schmerzniveau wieder anzusteigen scheint. Bis auf wenige Ausnahmen, wie zum Beispiel massiver Wetterumschwung oder wenn mal ein Gläschen Alkohol getrunken wird, bin ich heute so gut wie schmerzfrei.

Während des letzten Gesprächs mit dem Rheumatologen erkundigte er sich nach anderen bei mir vorhandenen Krankheiten oder Beschwerden. Ich erzählte ihm, dass ich seit Jahren an Divertikeln leide, zwei Darmpolypen habe und mich somit alle drei Jahre in einem Magen/Darmzentrum einer Darmspiegelung unterziehen müsse. Die Polypen seien noch so klein, dass man sie nicht Fassen und operativ entfernen könne.

Er meinte, dass man damit nicht warten soll, und gab mir den Rat, bei dem im gleichen Haus praktizierenden Facharzt-Kollegen für Darmprobleme einen Termin zu vereinbaren und mit ihm das Thema Polypen sowie die Möglichkeit einer zeitnahen operativen Beseitigung zu besprechen.

Obwohl ich nicht privat versichert bin, bekam ich den Termin schon in der Folgewoche. Der etwa fünfundvierzig Jahre alte Arzt war Professor der Gastroenterologie an der Universitätsklinik Gießen und Mitglied des im Stift ansässigen Praxiszentrums.

Er erklärte mir den Ablauf der Darmspiegelung mit Polypen-Entnahme und setzte mich, nachdem ich mein Einverständnis erklärt hatte, schon für nächsten Freitag auf den Terminplan.

An der Rezeption erhielt ich noch das mir schon von früheren Untersuchungen her bekannte Abführmittel samt Anweisung für den Vortag, und falls notwendig, auch noch für den Behandlungstag.

Die Abführerei ist das eigentlich Unangenehme an einer Darmspiegelung. Da der Termin gleich morgens war, musste ich wie schon so oft, am vorherigen Nachmittag mit der Einnahme der Abführflüssigkeit beginnen. Die Wirkung zeigte sich alsbald durch mehrere Entleerungen, welche sich, wenn auch nur in geringem Umfang, bis in die Morgenstunden hinzogen.

Die früheren Untersuchungen im Magen/ Darmzentrum hatte ich ohne Kurznarkose über mich ergehen lassen. Schon deswegen, weil mein Darm auf Höhe des Magens einen ziemlich starken Knick aufweist. Es war immer vorteilhaft, dass ich, wenn der Untersuchungsschlauch dort um die Ecke wollte, durch hin und her drücken der Bauchdecke mitgelenkt habe. Hierdurch konnten die Schmerzen weitestgehend unterbunden und auch Verletzungen der Darmwand vermieden werden.

Wegen der bevorstehenden Entnahme der beiden Polypen legte mir der Professor jedoch nahe, mittels Schlafspritze eine leichte Betäubung einzuleiten. Während des Eingriffs sollten unerwünschte Bewegungen oder Reflexe vermieden werden und so die Operation ohne Komplikationen ablaufen können.

Bis auf die vor Jahren bei mir durchgeführte allererste Magenspiegelung hatte ich alle späteren Untersuchungen immer mit Kurzbetäubung machen lassen und damit allerbeste Erfahrung gemacht. Bei dieser ersten Magenspiegelung hatte ich mich fast übergeben müssen und meine Halsmuskulatur war anschließend drei Tage lang verkrampft und angespannt. Die Betäubung hielt mich von alledem frei.

Nach dem Eingriff erklärte mir der Professor, dass bis auf die vielen Divertikel und drei entfernte Polypen alles in Ordnung sei. Man werde die abgetragenen Gewebe zwar noch untersuchen, vom ersten Anschein her sei jedoch nichts zu befürchten.

Wieso jetzt auf einmal drei Polypen?
Im Darmzentrum war bisher immer nur von zwei die Rede gewesen!

Der dritte saß siebzig Zentimeter tief ganz am Ende des Dickdarms, dort wo er im Bereich des Blinddarms in den Dünndarm übergeht. Wäre dieser Polyp irgendwann entartet, hätten einige aus der Familie oder dem Bekanntenkreis gesagt: „Über Jahre hinweg ist er zur Darmspiegelung gegangen – jetzt hat es ihn doch erwischt!"

Weil Wochenende war und die dann üblichen Arbeiten rund um das Haus anstanden, agierte ich auf Anraten des Arztes hin bei Tätigkeiten in gebückter Stellung etwas vorsichtig und zurückhaltend. Anfangs der kommenden Woche konnte ich ja, wenn der Heilungsprozess etwas weiter fortgeschritten war, den Rest und dann eben gründlicher erledigen. Das machte ich dann auch so und erlebte dennoch am Donnerstagmorgen eine böse Überraschung.

Schon frühmorgens verspürte ich einen starken Stuhldrang. Als ich dem folgte und mich entleeren wollte, kam es zu einem massiven Bluterguss. Der ganze Dickdarm hatte sich mit Blut gefüllt und dieses ergoss sich in einem einzigen Schwall in die Kloschüssel, sodass diese bis oben hin rot bespritzt war.

Ein riesiger Schreck durchfuhr mich und ich dachte im ersten Moment an etwas ziemlich Schlimmes.

Nachdem ich mich einigermaßen beruhigt und meine Sinne gesammelt hatte, informierte ich die Klinik über das Geschehene. Die Ferndiagnose deutete auf das Nachbluten einer der drei Polyp-Narben hin und ich solle sofort zu einer stationären Nachbehandlung einrücken.

Auf der Station und im Krankenzimmer angekommen, begann sofort das Martyrium der Darmentleerung von neuem.

Am nächsten Morgen wurde ich mit dem Bett in den Untersuchungsraum gefahren, bekam wieder eine Schlafspritze, wurde dann aber schon kurz danach durch einen ziemlichen Schmerz im Bereich meines linken Darmknicks geweckt. Der Endoskop-Schlauch war auf dem Weg von der ersten zur zweiten Operationsnarbe am Darmknick hängen geblieben und die Assistentin hatte durch Drücken und Schieben auf der Bauchdecke versucht, umzulenken. Der Professor hatte gemerkt, dass ich wach war und schlug vor, mir die Darmreparatur auf dem großen, halb rechts neben mir angebrachten Bildschirm anzusehen.

Die Ursache war die fingernagelgroße Wunde des dritten Polypen, die aber jetzt nicht mehr blutete. Sie wurde mit den im Endoskop befindlichen und fernbedienbaren Zangen zusammengezogen und mit sich selbst auflösenden Klammern über Kreuz getackert.

Ich musste zwecks Beobachtung und Überwachung der Blutwerte noch eine Nacht in der Klinik bleiben, dann wurde ich mit der strikten Anweisung „eine Woche lang wenig bücken und nicht schwer heben" entlassen.

Im letzten Jahr wurde entsprechend dem Dreijahres-Rhythmus eine weitere Untersuchung mit der Entnahme von zwei neu entstandenen Polypen, aber sonst mit dem Ergebnis „Alles in Ordnung", durchgeführt.

Mit den Divertikeln hatte ich schon lange Zeit Probleme, was sich nach den Polypenentnahmen verstärkte. Durch Einlagerung von Speiseresten, hauptsächlich bei körnerhaltigem Essen, entzündeten sie sich und die dadurch entstehenden Schmerzen strahlten bis in die Achselhöhlen hinein.

Besonders unangenehm war ein fast lokaler Schmerz im Bereich des linken Rippenbereiches, der auch andere Ursachen haben konnte und untersucht werden musste.

Da der Professor einige der Untersuchungen vor seinem Arbeitsbeginn an der Universität durchführte, machte er mit mir schon für frühmorgens um 7:00 Uhr einen Termin für eine Ultraschalluntersuchung.

Das Ergebnis war nicht eindeutig und somit wenig aussagefähig. Außer den schon lange bekannten Wasserzysten an beiden Nieren war, was die mögliche Schmerzursache anbelangte, nichts festzustellen. Um ganz sicher zu gehen, schlug der Professor eine Computer-Tomografie des Bauchraumes vor und ließ sogleich von seinem Sekretariat einen Termin in einer städtischen Nachbarklinik, welche mit einem der modernsten Diagnostik-Zentren ausgestattet ist, vereinbaren. Anschließend erfolgte noch eine Blutabnahme, deren Untersuchungsergebnis für die Verabreichung der Kontrastmittel vor und während der CT benötigt wurde. Die Auswertung wurde mir kurz vor dem Untersuchungstermin per Email übermittelt, sodass ich entsprechend ausgerüstet den Schritt in die Röhre antreten konnte.

Nach der Anmeldung im Radiologischen Zentrum gab es die ersten Komplikationen. Ich saß schon in der Umkleidekabine, als eine Ärztin eintrat und mir erklärte, dass man das für eine optimal auswertbare CT notwendige Kontrastmittel nicht verabreichen könne. Der für die Bestimmung der Nierenleistung zuständige Kreatinin-Wert war mit 1,96 mg/dl viel zu hoch und daraus resultierend, die Nierenleistung zu gering. Das Kontrastmittel würde nicht ausgeschwemmt und in den Nieren kleben bleiben. Im ungünstigsten Falle könne dann akutes Nierenversagen mit Todesfolge eintreten.

Man beschloss die Untersuchung dennoch, auch ohne Kontrastmittel durchzuführen. Nachdem das Ergebnis nicht ausreichend zuverlässig war, entschied man sich zu einer weiteren Untersuchung, jetzt aber einer MRT – einer Magnetresonanztomographie. Hierbei wird im Gegensatz zu Röntgenstrahlen mit einem Magnetfeld gearbeitet, Kontrastmittel werden nicht oder nur wenig benötigt. Hierdurch werden die Nieren geschont und das war zu diesem Zeitpunkt in meinem Fall unbedingt angesagt.

Der Termin wurde für vier Wochen später anberaumt. Vorher fand erneut eine Blutuntersuchung, insbesondere der Nierenwerte, statt. Der Nierenleistungswert war wieder im Normalbereich, die Vergabe eines bei einer MRT üblichen und gut verträglichen Kontrastmittels konnte jetzt von meinen Nieren problemlos verarbeitet werden.

Die im Magnettunnel unter dem üblichen und kaum auszuhaltenden Gehämmere und Getute stattgefundene Untersuchung mit mehrmaligem Luftanhalten dauerte etwa fünfundzwanzig Minuten und war, da man mit nach oben ausgestreckten Armen regungslos liegen muss, sehr anstrengend.

Nachdem ich mich wieder angezogen und im Wartebereich Platz genommen hatte, wurde ich nach einer Weile in den Kontrollraum gebeten. Der dort vor einem Bildschirm sitzende Arzt fragte mich nach meinen Beschwerden und nachdem ich meine Schmerzen im seitlichen linken Brustbereich als Untersuchungsgrund genannt hatte, schüttelte er den Kopf und deutete auf den Bildschirm. Den eigentlichen Untersuchungsgrund könne er nicht erkennen, wohl aber einen an der rechten Niere sitzenden Tumor. Der müsse so schnell als möglich entfernt werden, derzeit seien noch keine Veränderungen des umliegenden Gewebes und an anderen Organen zu erkennen.

Der Tumor war etwa fünf Zentimeter groß und saß außen auf der Nierenrinde in Bereich des rechten unteren Rippenbogens.

Ich stand da wie angewurzelt. Wenn ich mit vielem gerechnet hatte – damit nicht.

Nach dem ersten Luftholen wollte ich wissen, ob die Niere entfernt werden muss oder ob nur der Tumor herausgeschnitten werden kann. Das könne nur der operierende Urologe beurteilen, er wisse von Tumor-Entfernungen und Erhaltung der Niere bis zu einer Größe von vier Zentimetern. Und dieser Tumor hier sei fünf Zentimeter groß. Er wolle noch heute den Bericht mit den Bildern an den Professor senden und ich solle schnellstens einen Gesprächstermin vereinbaren.

Ich informierte ihn darüber, dass das Gespräch schon für übermorgen vorgesehen war und wurde mit Überreichung der CD mit den MRT-Bildern und allen guten Wünschen nach Hause geschickt.

Entlassen mit einer im Körper befindlichen Zeitbombe in eine, was Gesundheit und Lebensqualität anbelangt, ungewisse Zukunft. Eine Ungewissheit, welche allen blüht, die eine solche Diagnose vor den Latz geknallt bekommen. Was danach kommt, muss jeder mit sich selbst ausmachen und vor allem gemeinsam mit der Familie verarbeiten und bestehen.

Hätte man meiner Meinung nach die vor vier Wochen erstellte CT genauer ausgewertet, wäre trotz des fehlenden Kontrastmittels schon viel früher erkannt worden, das sich an der Niere ein Tumor befand. Ich habe mir die CT- Bilder zu Hause auf meinem Laptop angesehen und den Tumor trotz ungeschultem Auge und fehlendem medizinischem Sachverstand gesehen. Die MRT-Untersuchung hätte dann zeitnaher stattfinden können, vier Wochen sind bei diesem Krankheitsbild eine sehr lange und lebensbedrohliche Zeit. Nicht auszudenken, wenn in diesen vertanen Wochen der Tumor „aufgegangen" wäre und es hätten sich im Bauchraum Metastasen gebildet.

Die Familie reagierte genau wie ich – sie war schockiert und wie vor den Kopf gestoßen. Ich war morgens zu einer, wie wir alle zunächst einmal angenommen hatten, Standard-Untersuchung fortgefahren und mittags mit einer niederschmetternden Diagnose nach Hause gekommen.

Einzig meine Frau versuchte die zwangsläufig getrübte und besorgte Stimmung zu lockern indem sie darauf hinwies, dass ja noch gar nicht feststehe, um was für einen Tumor es sich handelt, wie aggressiv der ist und ob es nicht auch noch alternative

Behandlungsmethoden gebe. Vor dem Gespräch mit dem Professor sollten wir uns nicht so verrückt machen und gleich die Flinte ins Korn schmeißen.

Sie hatte Recht und bewirkte so bei uns allen ein klein bisschen Beruhigung und Hoffnung.

Dennoch war auf einmal alles anders. Es schien mir, aus dieser neuen Situation heraus betrachtet, dass es niemals wieder so sein würde, wie es vorher einmal war.

Ich war bislang immer ein pünktlicher Mensch gewesen und auch an jenem Mittwochnachmittag punktgenau im Balserschen Stift. Nachdem ich mich bei der Sekretärin des Professors angemeldet und sie danach etwas verdutzt in ihrem Computer gestöbert hatte, bat sie mich, im Wartebereich vor der Zimmertür des Professors Platz zu nehmen.

Mit gemischten Gefühlen und einer großen Portion Angst saß ich dann da und wartete darauf, dass die Tür aufgeht und der Professor mich auffordert einzutreten.

Nach gefühlt unendlich langer Zeit kam er heraus und verabschiedete eine Patientin. Als er mich sah, fragte er mich verwundert, wieso ich hier sei und ob ich von meinem Hausarzt nicht informiert wurde.

Er bat mich in sein Zimmer und ließ mich Platz nehmen. Dann erzählte er mir, dass er noch am Abend des Untersuchungstags den Befund erhalten habe und ihn umgehend als Anhang einer Mail, verbunden mit dem Auftrag der sofortigen Überweisung an einen Urologen, an meine Hausärztin geschickt habe. Er verstehe nicht, dass ich jetzt hier sitze und anscheinend bisher noch nichts unternommen worden sei.

Nachdem er sich am Bildschirm noch einmal den Bericht und die Bilder angesehen hatte, versuchte er mich damit zu beruhigen, dass ich insofern Glück im Unglück gehabt hätte, als dass der Tumor so früh erkannt wurde und was noch wichtiger wäre, zum jetzigen Zeitpunkt keine Metastasen in oder an anderen Organen zu sehen seien.

Diese Art Tumore wird in neunzig Prozent aller Fälle rein zufällig entdeckt. Wie auch bei mir, liegen die Beschwerden meistens ganz wo anders und als Untersuchungsergebnis kommt dann so etwas heraus. Ich müsse jetzt relativ schnell in die Hände eines Urologen, der dann die nächsten Schritte einleitet.

Ich erhielt noch eine Kopie der Diagnose des MRT-Arztes und des Schreibens vom Montagabend an meine Hausärztin.

Er überließ mich meinem weiteren Schicksal mit allen guten Wünschen und der Hoffnung, dass sich alles zum Guten wendet und wir uns zur nächsten turnusmäßigen Darmspiegelung wiedersehen. Wenn alles vorbei sei, solle ich mich mal melden um zu berichten, wie es mir ergangen ist.

Ich hatte mein Auto um die Ecke auf einem kostenpflichtigen Randstreifen geparkt. Den Weg erlebte ich wie in Trance und er erschien mir jetzt doppelt so lang, wie er in Wirklichkeit war. Im Auto sitzend öffnete ich das Kuvert und las zum ersten Mal die Diagnose „Nierenzellkarzinom". Bisher hatten weder der Untersuchungsarzt noch der Professor das Krankheitsbild so beschrieben.

Jetzt war es amtlich. An meiner Niere haftete ein Karzinom und Karzinom bedeutet „bösartiger Tumor."

Als mir das so richtig bewusst wurde, brach es aus mir heraus und ich weinte zum ersten Mal bitterlich. Ich brauchte eine Weile, bis ich mich wieder insoweit gesammelt hatte und imstande fühlte, den Heimweg anzutreten.

Ich fuhr wie durch einen nicht endenden Tunnel und wurde erst wieder einigermaßen klar, als ich in unsere Straße einbog.

Von der Abreise bis zu Heimkehr war gerade mal eine Stunde vergangen. Es war eine Stunde, in welcher das weitere Geschick meines Daseins stark beeinträchtigt wurde. Alle bisherigen Planungen und Ziele waren auf den Kopf, oder zumindest erst einmal, infrage gestellt.

Meine Frau spielte in der warmen Frühlingssonne mit unserer Tochter auf der Terrasse Rommee. Als sie mich hörten und auf dem Weg zwischen Garage und Haus kommen sahen, hielten sie mit dem Spielen inne und ahnten sofort, dass sich doch etwas Schlimmes ergeben hatte.

Nur wenige Sekunden später lagen wir uns in den Armen und brachen in ein gemeinsames Weinen aus.

Dann saßen wir eine Zeitlang stumm und ergriffen zusammen. Unsere Tochter unterbrach die Stille mit schluchzender Stimme und sagte, dass sie es nicht zuließe, dass mir etwas passiert – ich sei doch ihr Papa.

Anschließend kam bei uns dreien eine gewisse Wut darüber auf, dass anscheinend die vom Professor übermittelten Informationen in der Arztpraxis nicht ordnungsgemäß und zeitnah verarbeitet worden waren. Da man ja nicht wissen kann, wann so ein Tumor aufbricht, können zwei weitere verlorene Tage schon ausschlaggebend dafür sein, ob man sich später einmal einer Chemo oder einer anderen Therapie unterziehen muss. Ich nahm mir vor, morgen Früh in der Arztpraxis richtig Dampf abzulassen. Die Situation würde dadurch zwar nicht verbessert, aber so ein Freilassen der allgemeinen Verärgerung und Wut konnte in dieser doch sehr schlimmen Lage und Stimmung schon mal gut tun.

In dieser Nacht lag ich die meiste Zeit wach und dachte darüber nach, was jetzt auf mich zukommen kann und wie es dann hier so weiter gehen soll.

Bevor ich dann irgendwann einmal für kurze Zeit einschlief, wurde ich in vollem Bewusstsein dieser niederschmetternden Diagnose auf meine bereits im Himmel wohnenden Eltern und Schwiegereltern – und auf den Lieben Gott sowieso – richtig sauer. Ich war enttäuscht darüber, dass sie es da oben nicht fertiggebracht hatten, mich vor einer solch schweren Krankheit zu bewahren und auf Gott, dass er mir eine solch schwere Prüfung auferlegte. Später habe ich mich dann wieder mit allen versöhnt und dem Schicksal hingegeben.

Jetzt fiel mir auch das Lied von Udo Jürgens „Mit sechsundsechzig Jahren..." ein. „Da fängt das Leben an..." Ich war sechsundsechzig und mein Leben erhielt gerade eine tiefe Scharte.

Ob mit sechsundsechzig noch lange nicht Schluss ist, war bei mir, zumindest zu diesem Zeitpunkt, dahingestellt.

Am nächsten Morgen stand ich am Tresen der Arztpraxis und verlangte mit einem Gesichtsausdruck, der keine Widerrede duldete, die sofortige Unterredung mit der Ärztin.

Im Behandlungszimmer sitzend machte ich dann ziemlich lautstark und mit aufgeregt zittriger Stimme klar, dass ich sauer und verängstigt darüber sei, dass bisher keine Aktivitäten hinsichtlich einer umgehenden urologischen Betreuung und Behandlung erfolgt waren.

Die Ärztin war über meine Verärgerung sehr überrascht. Sie hörte jetzt das erste Mal von meiner Erkrankung und ließ sofort im Sekretariat den Eingang der Mail prüfen.

Wie auch immer – im System konnte man sie nicht finden.

Sie rief sogleich im Sekretariat des Professors an, ein paar Minuten später lag alles auf dem Tisch. Die Auswertung der MRT bestätigte den Befund „Karzinom" aber auch, dass der gesamte Bauchraum noch sauber war.

Sie griff erneut zum Telefon und vereinbarte direkt einen Termin bei einem Urologen, der seine Praxis in einem neben unserer städtischen Klinik gelegenen Ärztehaus hat.

Da sie wusste, welche seelische Belastung ein Patient nach einer solchen Diagnose bis zu den nächsten Aktionen bei Tag und Nacht verkraften muss, entnahm sie aus ihrem „Giftschrank" vier Tabletten, deren Einnahme die Nächte durch zudecken aller Ängste und Probleme erträglicher machen. Sie überreichte mir auch nur vier, mehr würde schon zu einer Abhängigkeit führen.

Schon am nächsten Morgen, einem Freitag, besprach der Urologe mit mir die Ergebnisse der CT- und MRT-Auswertungen. Auf meine Frage hin, ob er eine Chance sehe, die Niere zu erhalten, verwies er auf die Entscheidung des operierenden Arztes zum Zeitpunkt des Eingriffs. Es hinge davon ab, wie weit der Tumor in das Nierengewebe eingedrungen sei und wie viel gesundes Gewebe nach der Teilresektion noch erhalten bleibt.

Ich hatte große Angst, dass man mir die Niere entfernte. Beide Nieren besaßen quasi von Geburt an Wasserzysten, welche über die Jahre die Leistung beeinträchtigen und wenn nur noch eine vorhanden ist, die Gefahr der „Endstation Dialyse" näher rückt.

Es gibt auf der Welt Millionen Menschen, welche durch Operationen eine Niere verloren haben und auch viele, die von Geburt an nur eine haben. Wenn diese eine Niere gesund ist, kann man damit auch gut und lange leben.

Der Arzt nahm mit der Urologie des Klinikums Kontakt auf und vereinbarte mit dem Sekretariat für Montagmorgen einen Termin zwecks Besprechung der weiteren, die Operation betreffenden Vorgehensweise.

Er entließ mich mit den Wünschen auf gutes Gelingen und gab mir noch mit, dass ich in der Urologie des Klinikums in den besten Händen sei.

Auf der Website der Klinik wurde die Abteilung als sehr fortschrittlich beschrieben, welche die modernsten Behandlungsmethoden, wie auch die organerhaltende Nierentumor-Chirurgie, praktiziert.

Nach der Anmeldung im Sekretariat der Urologie musste ich etwas warten, das Ärzteteam war noch in einer Beratung. Sicherlich wurde auch mein Fall besprochen, um ihn in die Terminplanung der nächsten Tage einsteuern zu können.

Mit einiger Verspätung begrüßte mich der Oberarzt und forderte mich auf in seinem Büro Platz zu nehmen. In einer sehr ruhigen und vertrauenerweckenden Art erklärte er mir den Operationsablauf und die bei jeder Operation vorhanden Risiken. Die Operation sei mehr oder weniger Routine und wenn es keine Komplikationen gebe, in maximal zweieinhalb bis drei Stunden erledigt. Auch wolle er versuchen die Niere zu erhalten, was sich jedoch erst während der OP herausstellen werde. Wenn das gelänge, werde man auch die Wasserzyste entfernen. Hierdurch würde die Niere entlastet und die verbleibende Leistungsfähigkeit gefördert. Wegen des sich ergebenden großen Schnittes in der rechten Leiste und der zu erwartenden massiven Schmerzen, werde man einen Schmerzkatheter setzen, um je nach Notwendigkeit die Schmerzen reduzieren zu können.

Wenn nach Operationen mit starken Schmerzen zu rechnen ist, wird direkt vor dem chirurgischen Eingriff ein Schmerzkatheter im Bereich der Wirbelsäule angelegt. Dabei handelt es sich um einen dünnen Kunststoffschlauch, der alle Bewegungen mitmacht und in unmittelbarer Nähe der Nerven platziert wird, welche das Operationsgebiet mit Schmerzfasern versorgen. Dieser Katheter wird nach der Operation gleichmäßig versorgt, das heißt, ein Medikament wird mittels eines Infusionssystems direkt an die Nerven herangebracht. Hierdurch wird das Schmerzaufkommen im Wundbereich reduziert und irgendwann komplett unterdrückt.

Da in der aktuellen Woche alle möglichen OP-Termine ausgeschöpft waren, standen nur die nächste Woche, es war die Karwoche oder die Woche nach Ostern zur Verfügung. Schon aus Angst, der Tumor könnte explodieren und auch, um die

Zeit der Ungewissheit so kurz wie möglich zu halten, wählte ich den Montag der Karwoche als Aufnahmetermin.

Da alle wichtigen Punkte hinsichtlich der Operation und der stationären Aufnahme besprochen waren, empfahl man mir sogleich in die Stationäre Anmeldung zu gehen, um schon jetzt alle Aufnahme-Formalitäten zu erledigen.

Ich tat dann auch wie vorgeschlagen, begab mich zur Aufnahme in das Erdgeschoss und erhielt am Ende der sehr umfangreichen Aufnahme-Prozedur Durchschläge aller von mir unterschriebenen Formulare. Ich solle mich am Montag der Karwoche um 8:00 Uhr direkt in der Urologie einfinden. Administrativ war jetzt alles erledigt, die Krankenakte werde der Station direkt zugestellt.

Während ich noch Hause fuhr, wurde mir so richtig bewusst, dass ich jetzt noch eine ganze Woche überbrücken musste. Wäre die Operation schon morgen gewesen, hätte ich mich heute damit abgefunden und alles alsbald hinter mir.

Aber jetzt eine ganze Woche – sieben Nächte!

Ich verbrachte die Tage bewusst und intensiv mit meiner Familie. Kurz vor dem Schlafengehen nahm ich jeweils eine halbe von den Tabletten, welche mir meine Ärztin vor gut einer Woche gegeben hatte. Ich hatte bisher nur eine vor dem ersten Gespräch mit dem Urologen genommen. Jetzt halfen sie mir, wenn auch wegen der Halbierung in der Wirkung reduziert, die Nächte zumindest einigermaßen zu überstehen.

Unser Sohn, der beruflich sehr viel unterwegs war, nahm sich ein paar Tage frei und kam mit seiner Familie jeden Nachmittag zu uns. Gemeinsam mit der in unserem Haus wohnenden Familie der Tochter verbrachten wir die Tage unter anderem damit, dass wir uns alte Bilder ansahen, in der Erinnerung schwelgten oder Karten spielten.

In unserem Wanderverein, dessen Vorsitzender ich bin, lief auch die Woche über alles wie immer. Mails mussten beantwortet werden, es gab Kontakte bezüglich der Vermietung unseres Wanderheims. Am Freitag fand die Lieferung der schon im Winter bestellen neuen Tische und Stühle für den großen Aufenthaltsraum statt. Die Arbeit machten die Vorstandskollegen. Ich selbst war nur mal für kurze Zeit zugegen, um zu sehen, ob auch alles geklappt hatte und in Ordnung war.

Die Wanderfreunde fragten nach meinem Befinden und ich informierte sie über die am kommenden Dienstag stattfindende Operation.

Ein Kollege, mit dem ich mich kurz alleine in einem Nebenraum befand, war sehr besorgt um mich und wünschte mir, dass ich nicht das „Böse Wort" habe. Daraufhin konnte ich mich nur sehr schwer beherrschen und antwortete ihm mit etwas weinerlicher Stimme, dass es das „Böse Wort" ist.

Den Sonntagnachmittag und Abend verbrachten wir alle zusammen. Was jetzt vor uns lag, hatte schon eine andere Dimension als alles bisher Dagewesene.

Operationen an den Füßen, den Knien oder auch die Arthritis waren schon nicht so einfach, jetzt aber lag eine noch nicht einzuschätzende Tumorerkrankung an einem lebenswichtigen Organ vor.

Je später der Abend wurde, umso mehr nahm die Anspannung in der Familie und besonders bei mir zu. Jetzt kam richtig Angst auf vor dem, was mich am Montag und dann am Operationstag erwartet und wie es im Nachhinein ausgehen wird.

Als die Tasche gepackt und alles für den Morgen parat gelegt war, nahm ich meine letzte Tablettenhälfte und ging zu Bett. Ich schlief dennoch schlecht, eigentlich so gut wie gar nicht.

Mit meiner Frau fuhr ich schon früh los, um sicherzustellen, dass ich pünktlich um acht auf der

Station eintraf. Im Parkhaus des Klinikums war um diese Zeit noch wenig los und wir bekamen schon auf der Ebene 1 einen Parkplatz.

Auf der Station angekommen, konnte man mit mir zunächst wenig anfangen. Die um diese Zeit übliche Hektik ließ das Ganze im ersten Moment ziemlich unpersönlich und unfreundlich erscheinen. Außerdem war meine Krankenakte nicht aufzufinden und das für mich vorgesehene Bett noch im Betten-Lager. Wir wurden aufgefordert in der Besucherecke Platz zu nehmen und zu warten, bis ich aufgerufen werde.

Nach einer halben Stunde kam ein weiterer Patient der, nachdem er sich im Stationsbüro angemeldet hatte, zu uns herüber kam und mir gegenüber Platz nahm. Der dem Anschein nach über achtzig Jahre alte Mann erzählte, dass er schon mehrfach hier gewesen sei und jetzt für eine Nacht bleiben solle. Er war vor etwa fünf Jahren an der Prostata operiert worden und solle nun eine Zugangskanüle für die Verabreichung einer Chemotherapie gelegt bekommen.

Während wir uns noch etwas unterhielten, wurden wir aufgerufen und eine Schwester führte uns auf das Zimmer – wir hatten das Gleiche.

Meine Frau füllte den mir zugewiesenen Schrank mit all den Sachen, welche man für etwa zehn Tage

Aufenthalt in einem Krankenhaus benötigt. Ich hatte bei der Anmeldung ein Zweibettzimmer gewünscht und befand mich jetzt in einem neu renovierten, hotelähnlichen Zimmer mit dunkel gefliestem Bad und ebenerdiger Ganzglasdusche. Angesichts der doch nicht einfachen Operation und der zu erwartenden Nachwehen war mir daran gelegen, mit möglichst wenig Mitpatienten und dementsprechend wenig Besuch auskommen zu können. Die zweiundfünfzig Euro pro Tag nahm ich gerne in Kauf, es waren ja nur zehn Tage eingeplant.

Dann ging es sofort los. Man erwartete mich bereits im Büro der Vorstationären Fallsteuerung. Dort wurde der Fall „Gunter Stark mit Nierenkarzinom" zentral geführt und alle für die Operation notwendigen medizinischen Untersuchungen und Vorbereitungen koordiniert.

Meine Frau verabschiedete sich und wir verabredeten uns, abends noch einmal zu miteinander zu telefonieren.

Ich lief durch das Treppenhaus von der Ebene 6 in das Erdgeschoss, bekam dort meine Akte ausgehändigt und die Order, mich in der Röntgenabteilung zu melden. Dort die Lunge röntgen zu lassen und anschließend zurückkommen, um die Anweisung für die nächste Aktion zu empfangen. Danach folgten ein EKG, das Gespräch mit der Anästhesistin und eine Ultraschall-Untersuchung des unteren Bauchraums einschließlich Blase und Prostata. Letztere war ziemlich vergrößert, jedoch unauffällig. Diesem Thema wolle man sich aber später annehmen, jetzt war erst einmal die Niere an der Reihe. Der junge die Untersuchung durchführende Assistenzarzt nahm sich sehr viel Zeit und erklärte mir den für den nächsten Tag vorgesehen Ablauf der Operation und die morgendliche Vorbereitung.

Morgens werde ich von einem Pfleger im gesamten Unterbauchbereich rasiert und danach geduscht. Mit einem hinten offenen „Krankenhaushemd" werde ich dann, nach Einnahme einer Beruhigungspille, in den OP gefahren.

Als ich nach der ganzen Prozedur gegen halb zwei auf mein Zimmer kam, stand eine zwischenzeitlich mit Sicherheit kalt gewordene Suppe auf der hochgeschwenkten Tischplatte des neben dem Bett stehenden Nachttischs. Ich nippte nur kurz daran – sie schmeckte fad und war tatsächlich kalt. Da ich eh keinen Hunger hatte, ließ sie stehen.

Ich tat es meinem Bettnachbarn gleich, zog mir einen Schlafanzug an und legte mich ins Bett. Wir unterhielten uns über unsere Krankheiten und dies in das. Er war Beamter in der Kreisverwaltung gewesen, lebte mit seiner mittlerweile leicht senilen Frau in einer Nachbargemeinde und sein Hobby war die Restaurierung von Oldtimern. Jetzt hatte ihn die Krankheit das zweite Mal erwischt. Nach einer Operation mit anschließender Bestrahlung war jetzt eine Chemotherapie angesagt. Morgen soll ein Zugang gelegt werden, über welchen ihm einmal pro Woche die Chemo verabreicht wird. Er nahm das alles relativ gelassen hin. Er war jetzt zweiundachtzig Jahre alt und hatte sein Leben gelebt. Lediglich seine Frau machte ihm Sorgen, sie wäre ohne ihn ziemlich hilflos und müsste, falls er über längere Zeit oder gar ganz ausfallen würde, in ein Pflegeheim.

Dann döste er etwas ein und weil es mir kühl geworden war, krabbelte auch ich unter die Decke. Ich lag jetzt da und meine Gedanken kreisten um meine Vergangenheit und das, was jetzt aktuell noch vor mir lag.

In Sekunden lief mein bisheriges Leben vor mir ab. Ich dachte an die Schulzeit, die Lehre, das Studium ebenso wie an die frühe vor siebenundvierzig Jahren stattgefundene Hochzeit. Die Geburt unserer beiden Kinder und später der Enkel. An das Leben mit den Eltern und Schwiegereltern und deren Tod. Alle waren zu Hause im Kreise der Familie gepflegt worden und in unserem Beisein von uns gegangen.

Ich erinnerte mich an die Zeit im Kegel- und auch im Tennisklub. Daran, dass wir mit vierzig noch einmal Skifahren gelernt haben und schöne Winterurlaube mit den Kindern verbrachten. An meine aktive Zeit bei der Freiwilligen Feuerwehr und zuletzt die schönen Zusammenkünfte der Alters-und Ehrenabteilung. An die vielen Stunden mit den Freunden beim Feiern, Wandern, den gemeinsamen Urlauben und an meine Aktivitäten in unserem Wanderverein, dessen Vorsitz ich seit Jahren innehabe. Ich dachte an das Fitness-Center, in welchem ich seit drei Jahren drei Mal in der Woche aktiv bin und nette Kollegen gefunden habe.

Beruflich hatte ich einiges erreicht und auch viele private und geschäftliche Reisen unternommen. Ich habe die halbe Welt gesehen und letztes Jahr ein Buch darüber geschrieben.

Mir fielen die vielen guten, aber auch manchmal weniger guten Entscheidungen ein.

Insgesamt kann man jedoch sagen, habe ich bisher ein gelungenes Leben gelebt und der Familie eine sichere Existenz und einen gewissen Wohlstand ermöglicht.

Mir fielen wieder die vielen kleinen und größeren Krankheiten ein. Alle haben wir gemeinsam überstanden und immer das Beste daraus gemacht. Jetzt war aber wieder so ein Punkt gekommen, an dem wir uns gegenseitig brauchten – jetzt umso mehr, als je zuvor!

Die Frage nach dem „warum gerade ich?" oder „was habe ich getan, dass ich so bestraft werde?" kam ebenso auf wie „wie geht es weiter, wenn die Niere entfernt wird oder man wider Erwarten doch Metastasen feststellt und Nachbehandlungen notwendig werden oder, im schlimmsten Fall, beides."

Auch kam mir in diesen Minuten die unumstößliche Erkenntnis, dass man nichts aufschieben soll. Ich hatte mir für die nächsten Wochen und Monate vieles vorgenommen zu erledigen, was ich schon seit längerer Zeit vor mir her geschoben hatte. Jetzt muss alles noch einmal warten – wie lange war, zumindest in diesem Moment, ungewiss.

Ende Mai werde ich siebenundsechzig Jahre alt, bin ein Meter sechsundachtzig groß und wiege fast immer um die fünfundneunzig Kilogramm. Manche sagen, ich hätte mich ganz gut gehalten, man würde mir mein wahres Alter nicht so ansehen.

Nachmittags gab es noch eine Tasse Kaffee, dann bis nach der OP nichts mehr.

Wie bei unserer morgendlichen Verabschiedung verabredet, telefonierte ich abends noch einmal mit meiner Frau. Sie machte mir noch einmal Mut. Sie sei sicher, dass alles gut geht und drücke mir ganz fest beide Daumen. Die Telefonverbindung war dann so schlecht, dass sie meine im Schluchzen untergehenden letzten Worte nicht mehr mitbekam.

Wir schauten noch etwas Fernsehen, dann wechselte die Schicht und die Nachtschwester übernahm mit Blutdruck- und Temperaturmessen. Ich ließ mir noch eine Schlaftablette geben, die auch alsbald ihre Wirkung zeigte. Ich schlief fest, bis, wie es oft bei Schlaftabletten üblich ist, die Wirkung nach etwa vier bis fünf Stunden nachließ und die Zeit des Grübelns von neuem begann.

Pünktlich um sieben Uhr ging die Tür auf und ein Pfleger kam mit einem Rasierer und Mullunterlage bewaffnet ins Zimmer, zog die Bettdecke weg und meine Schlafanzughose runter. Dann schob er mir die Unterlage unter den Hintern und begann mit der Rasur meines gesamten Unterbauchs. Mit einem Nassrasierer, jedoch nicht nass, sondern trocken. Zum Schluss hob er noch den Schniedel hoch und rasierte rund herum alles ab, was Haare hieß. Dann wischte er die Haare auf die Unterlage, zog sie unter mir hervor und schickte mich unter die Dusche. Danach solle ich das bereit liegende Krankenhaus-Hemd anziehen, die auf dem Nachttisch liegende Beruhigungstablette einnehmen und im Bett liegend warten, bis ich abgeholt werde.

Es war 9:30 Uhr, als der Pfleger erneut kam und mich mit dem Bett zu einem Fahrstuhl fuhr, mit welchem auch die internen Transporte erledigt wurden und der mittels eines Chip-Systems vom Krankenhaus-Personal für die normalen Besucher gesperrt werden konnte. Bis der Fahrstuhl kam, dauerte es eine Weile. Währenddessen lag ich in meinem Bett zwischen all den Wartenden und wurde teils mitleidig angesehen, teils neugierig begafft. Ich dachte jetzt an die vielen Menschen, welche ich während meinen Klinik-Besuchen in ihren Betten liegend, vor den Fahrstühlen und auf den Fluren, gesehen hatte. Oft hatte ich mich gefragt, welches Schicksal sich da gerade abspielt, jetzt war ich selbst dran und an deren Stelle.

Dann kam endlich der Fahrstuhl und die Fahrt endete auf der Ebene des OP-und Intensivbereichs. Nach gefühlt unendlicher Zeit und ewig langen Gängen wurde ich in einer Schleuse umgebettet und anschließend in den Vorbereitungsraum der Anästhesie gefahren. Hier empfing mich freundlich das Ärzte-Team und man erklärte mir den Ablauf der anstehenden Vorbereitungsarbeiten.

Es wurden intravenöse Zugänge mittels Verweilkanülen an die linke Hand und die rechte Halsseite gelegt. Dann wurde der Schmerzkatheter in den Wirbelsäulen-Bereich gesetzt und die Anschlüsse der Überwachungssysteme für Blutdruck und Herzfrequenz vorbereitet. Nach dem aufsetzten der Sauerstoffmaske, sah ich nur noch, wie mir das Narkosemittel verabreicht wurde und dass es auf der über der OP-Tür angebrachten Uhr 10:15 war.

Nachdem ich wieder zu mir kam, dauerte es einige Zeit, bis ich mich einigermaßen zurechtfand. Das erste was ich sah und registrierte, war die vor mir an der Wand hängende Uhr – es war jetzt 15:20 Uhr. Ich lag auf der Intensiv-Station, war total verkabelt und hatte in der rechten Flanke unterhalb des Lippenbogens wahnsinnige Schmerzen. Demnach brachte der Schmerzkatheter seine Wirkung nicht und die Dosierung musste erst noch richtig eingestellt werden.

Eine Pflegekraft schaute nach mir und erkundigte sich nach meinem Befinden. Nachdem ich ihr meine Schmerzen geschildert hatte, vergrößerte sie an der Rollklemme der Tropfeinrichtung die Medikamenten-Dosis. Es dauerte noch eine ganze Weile, bis ich eine leichte Besserung verspürte.

Langsam kamen meine Erinnerungen zurück.

Der Nierentumor! Ich bin operiert! Ich liege auf der Intensivstation und bin an alle möglichen Überwachungsgeräte angeschlossen!

Fragen kamen auf, wie: „Habe ich die Niere noch? Wie lange wurde operiert? Wie werden die Ärzte den Erfolg der OP einstufen? Sind meine Organe tatsächlich frei von Metastasen? Kommt heute noch jemand aus der Familie und – wann hören endlich diese wahnsinnigen Schmerzen auf?"

Nachdem der Schmerzpegel nach einiger Zeit erträglicher wurde und ich mich etwas entspannen konnte, setzte urplötzlich ein heftiges, überaus beängstigendes Herzrasen ein. In der zentralen Überwachungsstation hatten sie mein Problem bemerkt, eine Schwester kam und spritzte in den am Hals sitzenden Zugang eine Magnesiumlösung. Nach kurzer Zeit regulierte sich der Puls auf die nach einer solchen Operation normale Frequenz und meine aufgekommene Todesangst legte sich langsam wieder. Das waren bange Sekunden, in denen ich dachte: „Jetzt hast du die Operation einigermaßen überstanden und nun stirbst du an einem Herzkollaps."

Mit der Zeit hatte ich meine Klarheit wieder soweit gewonnen und fühlte mich imstande herauszufinden, in welchem äußerlichen Zustand ich war und was sich alles an Schläuchen und Geräten an oder in mir befand.

Unter dem Operations-Hemd ertastete ich an meiner rechten Flanke einen etwa fünfunddreißig langen Klebe-Verband, an dessen beiden Enden jeweils eine Drainage herauskam. Diese führten rechts am Bett nach unten und endeten in einem am Bettgestell hängenden Auffangbeutel. Das im Bauchraum entstehende Wundsekret wurde über einen leichten Unterdruck, welcher durch den Höhenunterschied entsteht, angesaugt und im Beutel gesammelt.

An meinem linken Zeigefinger befand sich eine Fingerklemme, ein sogenannter Pulsoximeter, welcher mit einem Lichtsensor ausgestattet ist, die Pulsfrequenz sowie die Sauerstoffsättigung des Blutes misst und an die zentrale Überwachung sendet. In der linken Armbeuge saß eine Blutdruck-Manschette, welche im Intervall von wenigen Minuten die gemessenen Daten weiterleitete.

Ebenfalls an der rechten Bettseite angebracht befand sich ein weiterer Auffangbeutel, in welchem der Urin über einen durch die Harnröhre in die Blase eingesetzten Katheter gesammelt wurde. In den Nasenlöchern befand sich eine Sauerstoffsonde, die gut tat und das Atmen erleichterte.

Ich hatte einen sehr trockenen Mund und war unendlich froh, als mir irgendwann am späten Nachmittag eine Schwester eine Schnabeltasse mit Tee brachte. Ansonsten dämmerte ich, bei jetzt auszuhaltenden Schmerzen und in Erwartung alsbald etwas über den Operationsausgang zu erfahren, vor mich hin.

Meine Frau hatte am Nachmittag auf der Station angerufen und erfahren, dass die OP gut verlaufen sei, ich mich aber noch auf der Intensivstation befinde. Es sei vorgesehen, dass ich erst morgen zurück auf die Station komme. Sie könnte mich aber heute zwischen 18:30 und 19:00 Uhr im Intensivbereich besuchen.

Natürlich standen meine Frau und unsere Tochter schon früher vor der Tür, wurden aber nicht eher hereingelassen. Als sie dann vor mir standen und ich kurz meinen Zustand geschildert hatte, erzählten sie mir, dass sie eben noch kurz auf der Station gewesen seien und mit dem diensthabenden Arzt gesprochen hatten. Der hatte sie darüber aufgeklärt, dass der Tumor herausgeschnitten wurde und die Niere erhalten werden konnte. Alles sei gut verlaufen und er wolle mich nach seinem Dienst gegen 22:00 Uhr besuchen, um mich auch noch einmal persönlich zu informieren.

Wir alle freuten uns jetzt über diese gute Nachricht, die eigentlich „Glück im Unglück" bedeutete und uns neue Hoffnung gab.

Ich erzählte ihnen von meinen Schmerzen und dem Herzrasen, dass ich mich hier jedoch gut betreut und in sicherer Obhut fühle. Wenn jetzt weiterhin alles planmäßig verläuft, bestehen gute Chancen auf alsbaldige Genesung und dass dann alles wieder gut wird.

Um Punkt 19:00 Uhr war die Besuchszeit zu Ende und die Besucher wurden gebeten die Station zu verlassen. Die beiden waren mit meinem Zustand soweit zufrieden und verabschiedeten sich mit dem Versprechen, morgen und dann jeden Tag danach auf der Matte zu stehen. Als sie fort waren, wurde ich noch etwas frisch gemacht und bekam noch einmal eine Tasse Tee.

Ich war etwas eingedöst, als ich durch leichtes Rütteln am Arm geweckt wurde und ein junger Mann vor meinem Bett stand. Es war der Assistenzarzt, der mich gestern, während der Aufnahme- und Untersuchungs-Prozedur, betreut hatte. Er war auch derjenige, der meiner Frau heute Abend die Informationen über das Operationsergebnis erteilt hatte. Er erzählte mir, dass er ihr versprochen habe, mich noch heute Abend zu besuchen um mich noch einmal aus erster Hand zu informieren. Der

Chirurg hatte den Tumor mit einem Sicherheitsabstand von fünf Millimetern entfernt und die verbleibende Niere, nachdem sie im Schnittkeil zusammengeklappt wurde, vernäht. Die Operation habe vom Schnitt bis zur Naht zweieinhalb Stunden gedauert und alles sei normal verlaufen.

Nachdem auch er sich bis morgen verabschiedet hatte und fort war, lag ich noch eine ganze Zeit lang wach. Mir wurde jetzt so richtig klar, welches Glück ich gehabt habe. Das, was wir uns, nachdem die schlimme Nachricht über uns hereingebrochen war, alle erhofft und gewünscht hatten, war eingetroffen.

Es war irgendwie komisch und klingt sicherlich auch pathetisch, aber jetzt fiel mir ein anderes Lied von Udo Jürgens ein: „Denn immer wieder geht die Sonne auf, denn Dunkelheit für immer gibt es nicht" und das war jetzt passend zu meiner Gemütslage und ich musste weinen, jetzt aber vor Freude und wegen erstmals richtig aufkommender neuer Hoffnung.

Unter Hinzugabe eines leichten Schlafmittels verbrachte ich die Nacht relativ ruhig.

Schon früh am Morgen wurde ich geweckt, kurz frisch gemacht und auf die Normalstation gebracht. Die nächsten Operationen liefen schon und man benötigte auf der Intensivstation dementsprechend Platz.

Das Zimmer sah verweist aus. Der Bettnachbar war gestern entlassen worden und ein neuer noch nicht da. Somit hatte ich das Zimmer zunächst noch für mich alleine, was in der noch nicht so stabilen und pflegebedürftigen Phase von Vorteil war. Da auch noch das zweite Bett fehlte, hatte das Pflegepersonal mehr Platz zum Handtieren und auch mein Besuch Platz genug, um mich herumzusitzen.

Die Hälfte der Menschen schnarcht, in einem Zweibettzimmer sind das nach „Adam Ries" einer. Auch der Bettnachbar hatte mächtig gesägt, wahrscheinlich auch ich. Mit der Wirkung der am ersten Abend eingenommenen Schlaftablette war es jedoch einigermaßen auszuhalten. Jetzt erstmal war ich alleine und ich hoffte, dass es noch ein paar Tage so bliebe.

Das Bett wurde auf den Platz am Fenster geschoben und die Flasche mit dem Schmerzmittel für den Schmerzkatheter an den Haken des Infusionsständers gehängt. Nachdem die während des Transportes durch das Krankenhaus auf meine Zudecke gelegten Urin-und Wundsekretbeutel am Bettrahmen befestigt waren, wurde das Bett nochmals frisch gemacht. Da beim Hochfahren des

Bettkopfteiles mein Körper immer nach unten rutschte und ich mit meinen Füßen gegen das Fußteil stieß, hatte einer der Pfleger vorgeschlagen, eine Bettverlängerung vorzunehmen. Hierfür wird das Fußteil entriegelt und um zwanzig Zentimeter herausgezogen. In den entstehenden Zwischenraum wird dann ein Füllstück eingelegt. Der Pfleger wollte dieses Teil besorgen und später, wenn er wieder nach mir schaute, einbauen.

Dann ließ man mich erst einmal in Ruhe und in meinem neuen Leben alleine.

Ich lag jetzt da in vollem Bewusstsein dessen, dass jetzt das Schlimmste überstanden war. Den erneut aufkommenden Wundschmerz wird man noch in den Griff bekommen, alles kann jetzt von Tag zu Tag nur noch besser werden.

Am späten Vormittag bekam ich Besuch von unserer Tochter und dem Schwiegersohn. Er stand gerade vor einer Geschäftsreise nach England und wollte mich vorher noch einmal sehen. Während wir uns über die Operation und die Reise unterhielten, kam der Pfleger mit dem Füllstück und begann mit den Umbaumaßnahmen. Irgendwie war er dabei an den Katheter-Schlauch gekommen, wodurch dieser ein Stück herausgezogen wurde. Eine kleine Menge Flüssigkeit ergoss sich über meinen Schambereich und verursachte wahnsinnig brennende

Schmerzen. Ich schrie und jammerte derart laut, dass meine Tochter erschrak, besorgt von ihrem Stuhl aufsprang und den Pfleger aufforderte, dass er doch etwas unternehmen solle. Der machte in aller Ruhe und unbeirrt mit dem Umbau des Bettes weiter und meinte nur, dass sowas schon mal passieren könne und ich daran nicht sterben werde. Nachdem er fertig war, korrigierte er den Katheter-Sitz und wusch anschließend den gesamten Schambereich mit warmem Wasser ab.

Nach der unmittelbar danach eingetretenen Erleichterung lachten wir alle und die Tochter meinte nur, dass mir auch nichts erspart bliebe.

Die Werte der täglich mehrfach durchgeführten Kontrollen Blutdruck, Puls und Temperatur waren angesichts der Schwere der Operation etwas erhöht, jedoch nicht besorgniserregend. Die Untersuchung des Blutes zeigte noch eine ziemliche Erhöhung des Entzündungswertes, was von nun an bis zu meiner Entlassung täglich untersucht und beobachtet werden sollte.

Am zweiten Tag nach der OP war ich erneut gefordert. Der Pfleger hatte den Abfluss des Wundsekrets geprüft und festgestellt, dass die Drainage entfernt werden konnte. Während einer zweimaligen Anweisung „Luftholen" gab es im inneren Bereich der beiden Eintrittsöffnungen einen kurzen, aber ziehenden Schmerz. Dann war es vorbei und mit dem Verpflastern der Löcher alles erledigt.

Der Blasenkatheter blieb noch einen Tag um zu verhindern, dass bei nicht funktionieren des natürlichen Pinkelns ein Rückstau des Urins entsteht und die operierte Niere belastet wird.

Am dritten Tag wurde, ebenfalls wieder unter tiefem Luftholen, auch dieser Katheter gezogen. Das schmerzte dann aber doch ziemlich und es brannte wie zwei Tage zuvor.

Jetzt war ich bis auf den Schmerzkatheter im Rücken mobiler und konnte, die Schmerzmittelflasche mitnehmend, das Bad zum Waschen und Pinkeln zu Fuß erreichen.

Das erste Aufstehen war allerdings alles andere als einfach und ging anfangs nur unter Anleitung und Mithilfe eines Pflegers. Es war schon eine enorme und vor allem schmerzhafte Anstrengung aufzusitzen und anschließend, durch eine Drehbewegung des Oberkörpers, die Beine aus dem Bett zu bekommen. Dann wurde das Bett heruntergefahren und die Füße landeten genau in den bereitgestellten Hausschuhen. Jetzt nur noch an der Hand des Pflegers hochziehen und schon stand ich mit zitternden Beinen vor dem Bett. Die Schmerzmittelflasche in der Hand ging es dann, die ersten beiden Male unter Hilfestellung des Pflegers, ziemlich wackelig in Richtung Bad. Die Flasche mit der Schlaufe am Heizkörper-Thermostat hängend konnte ich mich waschen, die Zähne putzen und auch die Toilette benutzen.

Die Versuche den Stuhlgang zu regulieren, waren zunächst erfolglos und bedurften externer Hilfsmittel. Bis es dann nach vier Tagen so weit war, begleiteten mich Blähungen jede Minute – bei Tag und bei Nacht. Sie waren so massiv, dass, wenn die Familie oder andere Besucher da waren, das Unterdrücken kaum gelang und vor allen Dingen sehr schmerzhaft war. Leise unter der Bettdecke gelassen, war es dann schon eine Erleichterung, wobei ich sorgsam darauf achtete, dass die Decke überall geschlossen war.

Fast auf die Minute genau kam jeden Nachmittag meine Frau und im Schlepptau, unsere Tochter. Meistens vollgepackt mit irgendwelchen Dingen, die für einen Krankenhausaufenthalt notwendig sind.

Täglich brachten sie Kuchen und Kaffee mit und sie blieben solange, bis sie unter der Tablett-Abdeckung das Abendessen inspiziert hatten. Es war jedes Mal eine spannende und lustige Angelegenheit, wenn in der Regel Wurst, Käse und Brot auf dem Teller lagen und auf Essbarkeit hin analysiert wurden. Eigentlich esse ich ja alles. Es gab jedoch ein paar Wurstsorten, deren Verzehr schon von der Optik her gesehen eine gewisse Überwindung kostete. Ansonsten war das Essen in Ordnung und, zumal mein Appetit ohnehin nicht der beste war, auch ausreichend.

Da wir zu Hause fast täglich Rommee spielen, hatten wir uns vorgenommen auch im Krankenhaus die eine oder andere Partie zwecks Ablenkung und Zeitüberbrückung zu bestreiten. Es ist nie dazu gekommen, da neben Kaffee und Kuchen genügend Gesprächsstoff über meinen gesundheitlichen Zustand sowie das eine oder andere aus unserem Dorfgeschehen bestand.

Die täglichen Visiten waren von kurzer Dauer. Solange die Wunde noch zugepflastert und bis auf den Entzündungswert die Blutwerte in Ordnung waren, gab es ohnehin nicht viel zu bereden und zu entscheiden. Alle Untersuchungen wurden routinemäßig fortgesetzt, bezüglich der irgendwo herkommenden Entzündung war man ratlos.

Eines Morgens kam der Oberarzt ohne den Visiten-Tross hinter sich herziehend alleine zu mir und erkundigte sich nach meinem Befinden. Es war der Arzt, der mich vor rund zwei Wochen über die bevorstehende Operation aufgeklärt und mit dem ich den Termin in der Karwoche festgelegt hatte. Bezüglich meines Befindens konnte er sich doch vor diesem Gespräch aktuell per Krankenakte informieren – wieso fragt er mich jetzt, wie es mir gehe?

Ich war bisher auch davon ausgegangen, dass er mich operiert hatte oder zumindest dabei gewesen war. Er erzählte mir, dass er stark erkältet war und in dieser Zeit, was Operationen anbelangte, nicht aktiv gewesen sei.

Dann klärte er mich darüber auf, dass man sich im Kollegenkreis noch einmal die am Aufnahmetag gemachte Röntgenaufnahme der Lunge angesehen hätte. Dabei sei aufgefallen, dass im Bereich des linken unteren Lungenflügels ein winziger Punkt vorhanden sei, den man die nächsten Tage noch einmal röntgenologisch untersuchen wolle. Es sei zunächst nichts Beunruhigendes, man müsse der Sache aber nachgehen.

Das schockte mich jetzt aber doch gewaltig!

Waren doch Metastasen vorhanden? Hatte sich eine davongeschlichen und saß jetzt in der Lunge?

Beim Nierenzellkarzinom können sich die Zellen des ursprünglichen Tumors entweder über das Blut oder das Lymphsystem im Körper verbreiten. Sie siedeln sich in erster Linie in der Lunge, dann in den Knochen, der Leber und in der anderen Niere an. Wenn sich beispielsweise eine Metastase in der Lunge ansiedelt, ist das nicht gleichbedeutend mit einem Lungenkarzinom. Es ist und bleibt eine Tochteransiedlung des Nierenkarzinoms und auch als solche zu behandeln.

Der Oberarzt bemerkte meine plötzliche Besorgnis und meinte, dass alle bisher vorgenommenen Untersuchungen gegen das Vorhandensein von Metastasen sprechen und ich mir zunächst einmal keine Sorgen machen muss. Der Termin für die Röntgen-Untersuchung solle während der nächsten Visite festgelegt werden.

Nachdem der Wund-und auch der Blasenkatheter entfernt waren, konnte ich mich nach Tagen das erste Mal auf die linke Seite legen und genoss die über den gesamten Rücken wohltuende Entspannung. Während ich mich nach ein paar Minuten wieder zurück auf den Rücken drehte, stolperte mein Herz plötzlich über mehrere Sekunden so sehr, dass mir die Atmung kurzzeitig auszusetzen schien. Ich atmete drei bis viermal tief ein, das Stolpern hörte so spontan auf, wie es gekommen war. Lediglich der Puls war noch eine Zeitlang ziemlich erhöht, jedoch gleichbleibend. Der per Knopfdruck herbeigerufene Pfleger nahm eine Blutdruck- und Pulsmessung vor und wiederholte das im Abstand von einer Stunde, bis sich auch der Puls wieder beruhigt hatte.

Obwohl sich der Vorgang nicht noch einmal wiederholte, wurde während der nächsten Visite festgelegt, dass noch vor meiner Entlassung eine Ultraschalluntersuchung des Herzens durchgeführt werden soll. Zuerst aber soll der Heilungsprozess der Operation fortschreiten, dann war das Herz an der Reihe.

Nachdem der Wundschmerz merklich nachgelassen hatte und zu ertragen war, wurde am vierten Tag auch der Schmerzkatheter gezogen. Es war eine Art kribbeliges Gefühl, als der dünne Schlauch an den Rückenmarknerven entlang herausgezogen wurde. Auch der Zugang an der rechten Halsseite wurde entfernt und die kleinen Wunden mit einem Pflaster verschlossen. Anschließend zog ich mein Krankenhaushemd aus und einen Schlafanzug an.

Ich hatte jetzt nur noch den Zugang an der linken Hand. Der sollte auch erst einmal dort bleiben, falls doch noch Bedarf für eine schnelle Indikation aufkommen sollte.

Wieder total mobil, konnte mich jetzt in Zimmer und Bad frei bewegen und auch schon mal einen Blick auf den Flur hinaus wagen.

Während morgens das Pflegepersonal nach der routinemäßigen Puls- und Temperaturmessung das

Bett richtete und den Tagesbedarf an Arznei und Wasser bereitstellte, stand ich im Bad und machte meine Morgentoilette. Wenn ich dann raus kam, waren sie meistens schon verschwunden und ich sah den einen oder anderen erst wieder, wenn das Frühstück gebracht wurde oder sie bei der Visite dabei waren.

Der Karfreitag war der Tag der Freunde und Nachbarn. Schon um zehn kamen die ersten und man gab sich anschließend die Türklinke in die Hand. Der eine wollte aus Gründen der Pietät nach mir schauen, der andere wollte seine Neugier befriedigen und nur mal sehen, wie ich mit der Krankheit umgehe.

Sei es, sie haben mich besucht und immerhin einen Teil des Feiertages für mich geopfert.

Einer der Besucher, ein Nachbar, der in der Straße unter uns wohnt erzählte mir, dass der rechts von ihm wohnende Nachbar vor etwa zehn Jahren ebenfalls an einem Nierenkarzinom erkrankt gewesen sei. Ich hatte damals auch gehört, dass ihm eine Niere entfernt wurde, dies aber nur so nebenbei registriert.

Der Nachbar hatte am Ende einer Sprechstunde bei seinem Hausarzt ein in der Ecke des Behandlungszimmers stehendes und ihm nicht bekanntes Gerät gesehen und sich erkundigt, was das sei. Der

Arzt erklärte ihm, dass es sich um ein Ultraschall-Gerät handelt und was man damit alles untersuchen kann.

Auf seine schon seit Jahren immer wieder störenden Nierensteine angesprochen, hatte der Arzt spontan eine Ultraschall-Untersuchung durchgeführt und dabei festgestellt, dass der Verdacht auf ein fortgeschrittenes Nierenkarzinom bestehe. Die folgenden Untersuchungen bestätigten diese Annahme. Es folgte eine große Operation mit Entnahme der Niere und anschließend eine dreiwöchige Reha. Das war, wie schon gesagt, vor etwa zehn Jahren. Dem Nachbarn geht es bis heute gut, er hat keine Einschränkungen in Sachen Lebensqualität und führt einen ganz normalen Alltag.

Am Morgen des Operationstags hatte ich noch einmal Stuhlgang und jetzt, nach vier Tagen massiven Blähungen, wurde es höchste Zeit etwas zu tun. Von einer Schwester erhielt ich zweimal ein flüssiges Abführmittel, die Wirkung war jedoch gleich Null. Anschließend bekam ich zwei Zäpfchen, welche ich nach der Besuchszeit im Abstand von einer Stunde einführen sollte. Nachdem ich alleine war ging ich ins Bad, feuchtete ein Zäpfchen mit Wasser etwas an und führte es, mit etwas Toilettenpapier über den Finger gewickelt, im After ein. Dann aß ich zu Abend und wartete auf das, was mir hoffentlich Erleichterung bringen sollte. Erst nachdem ich das zweite Zäpfchen eingeführt und noch einmal eine Stunde gewartet hatte, kam der Erfolg. Die gesamte Aktion war eine große Belastung an meinen Körper und vor allen Dingen an meine Narbe. Obwohl man ja immer sagt, dass dort wo eine Naht ist, nichts bricht oder aufreißt, hatte ich während der Bauchkrämpfe und dem Drücken ziemlich Angst um meine Narbe – sie war ja erst wenige Tage alt.

Am fünften Tag, es war der Ostersonntag, wurde der Verband gewechselt. Der Pfleger meinte, ich bekäme ja sicherlich heute viel Besuch und ich solle dann schön aussehen. Ich konnte jetzt erstmals sehen, was man mir da für einen Schnitt in die Flanke gesetzt hatte. Nachdem das selbstklebende etwa fünfunddreißig Zentimeter große Pflaster entfernt war, wusch der Pfleger vorsichtig die eingetrocknete orangerote Desinfektionsflüssigkeit ab und tupfte den Bereich um den Schnitt großflächig trocken. Danach stand ich auf und begab mich ins Bad, um mir die Narbe im Spiegel anzuschauen.

Ich drehte mich zur rechten Seite, hob das Schlafanzug-Oberteil an und erschrak mächtig. Ein etwa fünfunddreißig Zentimeter langer, durch mindestens ebenso viele Klammern zusammengehaltener Schnitt, erstreckte sich über meine gesamte rechte Flanke. Der Schnitt an sich war eine saubere mit einem schmalen Grind bedeckte Linie. Unten drunter und oben drüber jedoch sah es von vorne bis hinten so aus, als hätte man zwei dicke Würste eingenäht. Der Pfleger meinte, das komme vom schichtweisen Vernähen, sei normal und würde sich in den nächsten Tagen und Wochen verlieren.

Ich legte mich auf das Bett und bekam, nun doch ziemlich geschockt, einen neuen Pflasterverband aufgeklebt.

Dann wusch und föhnte ich meine Haare, rasierte mich und wechselte noch einmal den Schlafanzug. Jetzt sah man mir gar nicht mehr an, dass ich eine so schwere Operation hinter mir hatte – es war ja immerhin Ostersonntag und ich wollte schön aussehen!

Nachmittags war auf meinem Zimmer Familien-Treffen. Jetzt war von Vorteil, dass ich immer noch alleine lag und man sich großzügig um mich herum gruppieren konnte.

In den vergangenen Jahren haben wir am Ostermorgen mit den Enkelkindern eine regelrechte Osterbescherung veranstaltet. Jetzt kamen sie alle ins Krankenhaus und bescherten dem Opa mit Schokoladenhasen, sonstigen Süßigkeiten und Blumen einen schönen Osternachmittag. Es gab selbstgebackenen Kuchen und Kaffee aus mitgebrachten Kannen. Als der dann alle war, holte man noch aus dem in der Teeküche stehenden Kaffee-Automaten nach und legte einen entsprechenden Obolus in die Stationskasse.

Als dann auf dem Flur klappernd der Wagen mit dem Abendessen anrollte, warteten sie noch ab, was sich unter der Tablett-Abdeckung verbarg. Ich hob sie an, was mit einem „oh wie toll" begleitet wurde. Dann war Schluss und ich war wieder alleine. Bis auf den Joghurt, den ich noch später am Abend aß, ließ ich das Essen stehen. Ich war vom Kuchen und den Schnakeleien noch zu satt, um schon jetzt am frühen Abend noch etwas essen zu können.

So schön es war, dass sie alle da waren. Jetzt lag ich doch ziemlich geschafft da und war froh, mich ausruhen zu können.

Der sechste Tag war der Ostermontag. Der verlief ziemlich ruhig, einzig meine Frau besuchte mich. Nach dem Kaffee spielten wir eine Runde Mau-Mau und liefen mal kurz vor dem Zimmer auf und ab.

Im Nachbarzimmer stand die Tür auf und wir konnten hinein sehen. Das Zimmer war mit drei Patienten belegt und bot mit Besuchern gefüllt ein beklemmendes und fast beängstigendes Bild. Hier lagen zum Teil noch vor Ostern frisch operierte

Patienten in ihren Pampers offen auf der Decke und die Besucher saßen oder standen drum herum. Da ging es mir auf meinem zurzeit „Einbettzimmer" wirklich gut und auch meine gesundheitliche Situation war, zumindest momentan, diesen Patienten gegenüber im Vorteil.

Am siebten Tag, es war die erste Visite nach Ostern, war der Entzündungswert immer noch nicht zufriedenstellend. Da die Ursache offen war wurde beschlossen, eine leichte Dosis Antibiotika zu indizieren. Die Ärzte hofften nun, dass bis zur vorgesehenen Entlassung am zehnten Tag nach der Operation eine Verbesserung eintreten wird.

Nachmittags erschien ein junger Assistenzarzt und meldete, was die bevorstehende Röntgen-Untersuchung anbelangte, Entwarnung. Man habe die Röntgen-Aufnahme noch einmal mit der CT von vor sechs Wochen verglichen und in einer besonderen Perspektive erkannt, dass der gesehene Punkt ein an einer Rippe sitzender Knorpel sei. Die geplante nochmalige Röntgenaufnahme sei somit hinfällig.

Das war mal wieder eine gute Nachricht!

Insgeheim hatte ich schon ein bisschen Schiss vor der Aufnahme und dem, was dabei herauskommen könnte. Dass sich die Ärzte so sehr um diesen einen hellen Punkt im Röntgenbild kümmerten, war für mich die Bestätigung dafür, dass sie sicher gehen wollten, dass nicht doch Metastasen vorhanden sind und die Krankheit schon weiter fortgeschritten war.

Bei der Vermietung unseres Wanderheims hatte ich erst kürzlich einen etwa vierzigjährigen Lehrer kennengelernt der mir, als wir auf Krankheiten zu sprechen kamen, erzählte, dass er vor zwei Jahren ein Hoden-Karzinom hatte und ihm der Hoden entfernt wurde. Der Befund war von einer MRT ausgegangen, auch hier war die Krankheit frühzeitig erkannt worden. Eine drei Monate nach dem Eingriff durchgeführte MRT hatte den Erfolg der Operation bestätigt.

Nach weiteren drei Monaten habe er im Bereich der Lendenwirbel starke Schmerzen bekommen, welche zunächst als Bandscheiben-Probleme gedeutet und mit entsprechenden Schmerzmitteln behandelt worden seien.

Als das alles nichts geholfen habe, sei nach weiteren sechs Wochen ein CT gemacht worden – das Ergebnis der Auswertung war verheerend. Metastasen in Blase, Lunge und an Lymphknoten des

Bauchraums waren der Auslöser der starken Schmerzen und bedrohten nun sein Leben.

Der Lymphknotenstrang wurde komplett entfernt, die Blase und Lunge über Monate chemotherapeutisch behandelt. Mit positivem Ausgang, denn ihm ging es jetzt nach einem dazwischen liegenden Jahr wieder gut. Die Intervalle der Nachuntersuchungen seien von anfänglich drei auf sechs Monate angewachsen und es bestehe gute Hoffnung, dass er es zunächst noch einmal geschafft hat. Obwohl er ja noch jung war und man dann einer solch schweren Krankheit eher trotzen kann, sah er es doch als ein „Medizinisches Wunder" an, dass es ihm jetzt wieder gut geht, er seinem Beruf nachgehen und seine Zukunft weiter planen kann. Jetzt allerdings unter einem ganz anderen Blickwinkel.

Die CT-Untersuchung hat, was die Erkennung von Metastasen anbelangt, wegen der Vergabe von meist jodhaltigen Kontrastmitteln im Vergleich zur MRT einen Vorteil. Das Kontrastmittel hilft Gefäße zu erkennen, durchblutete von nicht durchbluteten Veränderungen, zum Beispiel eine Zyste gegen einen Tumor, zu unterscheiden. Der Nachteil der CT ist, dass hier das Röntgen-Prinzip angewandt wird und man somit einer immensen Strahlenbelastung ausgesetzt ist. Außerdem wird das Kontrastmittel nicht von jedem vertragen und ist beispielsweise bei Menschen mit bekannter Niereninsuffizienz untersagt.

In dem Fall des jungen Lehrers war die CT die richtige Indikation gewesen und hatte ihm das Leben gerettet.

Am achten Tag kamen meine Frau und die Tochter getrennt, weil sie nach dem Besuch unterschiedliche Termine hatten. Als die Tochter fort war, habe ich mit meiner Frau zwei Runden auf dem Flur gedreht. Ich hatte es die beiden letzten Abende schon einmal alleine probiert, war aber jedes Mal nach einer Runde ermattet auf mein Zimmer und ins Bett gegangen. Jetzt wollten wir es wissen und gingen langsam einmal, dann noch einmal die Runde um den Zimmerblock, vorbei am Schwesternzimmer, der Teeküche und den Fahrstühlen bis wir wieder vor meinem Zimmer standen. Ich wurde gelobt und sie meinte, dass ich mich doch auf gutem Wege der Besserung befände und auch nach der näher kommenden Entlassung keine Probleme in Sachen Mobilität haben werde.

An diesem Abend überfiel mich ein ziehender Schmerz, der vom rechten Hoden ausgehend bis in die Innenseite des Oberschenkels strahlte. Dass hier etwas Schlimmes im Bereich der Hoden anstand, kam mir jedoch in diesem Moment nicht in

den Sinn. Erkrankungen der Hoden sind in fortge-
schrittenem Alter relativ selten, es handelte sich
wohl um eine Überbelastung oder Zerrung. Jedenfalls war es mit der Mobilität doch noch nicht so
weit her.

Abends telefonierte ich noch einmal mit meiner
Frau und nachdem ich ihr von meinen Schmerzen
erzählt hatte, empfahl sie mir, jetzt gleich am
Abend noch von einem Arzt nach dem Problem
sehen zu lassen. Es konnte ja sein, dass der immer
noch zu hohe Entzündungswert mit den Hodenschmerzen zusammenhängt und somit die Ursache
erklärt ist.

Nachdem wir uns verabschiedet und das Gespräch beendet hatten, ging ich zur Schwesternstation, um nach einem Arzt zu fragen. Die diensthab-
bende Assistenzärztin sagte mir, dass sie sich selbst
der Sache annimmt. Ich solle schon mal auf mein
Zimmer gehen, sie komme dann etwas später vorbei, um mich zu untersuchen.

Ich legte mich mit herunter gezogener Schlafanzughose auf das Bett, drapierte mich unten herum
so richtig und deckte mich anschließend zu. Als die
Ärztin dann nach einer Weile kam, untersuchte sie
zunächst den linken Hoden und das war der, welcher schmerzfrei war. Auf meinen Hinweis hin,
dass es der andere sei meinte sie nur, dass sie vom

ersten Anschein her geglaubt habe, den richtigen untersucht zu haben. Nachdem dann beide abgetastet waren, stand fest, dass zumindest von dieser Untersuchungsmethode her gesehen, nichts auf eine Erkrankung hin deutet und falls es nicht besser werden sollte, weitere Beobachtungen notwendig werden.

Als sie dann das Zimmer verlassen und ich mich wieder angezogen und zugedeckt hatte, kam mir trotz aller Ernsthaftigkeit meiner allgemeinen gesundheitlichen Situation ein alter Witz in den Sinn:
An einem Samstagmorgen erscheint ein Mann in einer urologischen Praxis und klagt über starke Hodenschmerzen. Nachdem ihn der Arzt untersucht hatte, fragte er ihn, warum er tatsächlich hier sei – er wäre doch kerngesund. Der Mann antworte, dass es doch Samstagmorgen sei und es im Fernsehen noch nichts Gescheites gebe, er die Zeitung schon gelesen habe, draußen schlechtes Wetter sei und er sich so gedacht habe: „Gehst einfach mal zum Arzt und lässt dir ein bisschen an den Hoden herumspielen."

Ich drehte fortan mehrmals täglich alleine oder, wenn sie da war, gemeinsam mit meiner Frau ein paar Runden. Die Schmerzen ließen merklich nach und waren alsbald verschwunden.

Während der morgendlichen Visite hatte ich die Information erhalten, dass morgen Früh eine „Dichtheitsprüfung" der Niere durchgeführt werden soll. Ich bekäme hierbei ein Röntgen-Kontrastmittel gespritzt, dann werde im Abstand von zehn Minuten Wartezeit zwei Mal geröntgt. Wenn kein Kontrastmittel an der Niere austritt, könne ich am nächsten Tag entlassen werden.

Dies, obwohl der Entzündungswert noch immer zu hoch war. Hier sollte meine Hausärztin aktiv werden, und weiterhin medikamentös einwirken.

Am nächsten Morgen kam gegen 10:00 Uhr eine Krankenschwester und beorderte mich in die Radiologie, um mich der Dichtheitsprüfung zu unterziehen.

Da sich die Radiologie im zweiten Stock befand, und ich vier Stockwerke hätte runter laufen müssen, nahm ich den Fahrstuhl und meldete mich in der Röntgenabteilung an. Obwohl man mich angeblich schon erwartete, musste ich noch ein paar Minuten warten. Dann wurde ich in eine Umkleidekabine gebeten und aufgefordert, meinen Oberkörper frei zu machen. Nach einer weiteren kleinen Wartezeit musste ich mich auf den absolut flachen und für jemanden, der eine solch große Operationsnarbe in seiner Flanke hat, sehr ungemütlichen Röntgentisch legen.

Die Radiologin legte mir auf dem rechten Handrücken einen Zugang, in welchen sie anschließend ein Kontrastmittel injizierte. Dieses musste zehn Minuten wirken, dann wurde die erste Aufnahme gemacht. Danach wieder zehn Minuten warten, dann die zweite Aufnahme. Jetzt musste ich noch solange liegen bleiben, bis die beiden Aufnahmen verglichen und ausgewertet waren. Eine anstrengende Tortur, welche neben der körperlichen Anstrengung auch eine für mich große psychische Belastung bedeutete. Wenn jetzt die Niere nicht dicht war, hatte sich die für morgen vorgesehene Entlassung erledigt. Mir wird dann eine Harnleiterschiene eingesetzt, welche während einer Blasenspiegelung in das Nierenbecken geschoben wird und so eine Entlastung der Niere bewirken soll.

Die Röntgenassistentin kam mit freundlichem und entspanntem Gesichtsausdruck auf mich zu und meldete Entwarnung. Die Niere war dicht und meiner Entlassung stand zunächst nichts im Wege.

Eine wichtige Phase meines Genesungsverlaufs war positiv, und für mich sehr beruhigend, ausgegangen.

Am Morgen des Entlassungstages kam eine Mitarbeiterin des „Sozialen Dienstes", fragte mich wie es mir geht und ob ich mich imstande fühle, das Krankenhaus zu verlassen. Nachdem ich das bejaht hatte forderte sie mich auf, mit ihr auf den Flur und in das Treppenhaus zu gehen. Auf dem Flur musste ich etwa fünf Meter geradeaus und im Treppenhaus ein Stockwerk runter und wieder rauf gehen. Sie wollte prüfen, ob Motorik und Kreislauf funktionieren und erteilte, nachdem alles in Ordnung war, die Freigabe die Klinik zu verlassen.

Bisher hatte ich das in dieser Form noch nicht erlebt. Ich gehe davon aus, dass nach Einführung der Fallpauschale und daraus resultierend zu frühen Entlassungen Probleme aufgetreten sind, welche Versicherungsansprüche an die Kliniken zur Folge hatten.

Ich rief meine Frau an um ihr mitzuteilen, dass sie mich, wenn die Entlassungspapiere fertig sind, abholen kann. Sie solle zu Hause bleiben, ich melde mich dann noch einmal. Dann zog ich mich an und packte meine Tasche. Anschließend ging ich zur Schwesterstation und überreichte als Dankeschön für die gute Betreuung einen angemessenen Betrag für die Kaffeekasse.

Als ein Assistenzarzt mit dem Abschlussbericht kam war es bereits Mittag. Ich hatte bis dahin auf meinem Zimmer gesessen und bekam auch noch einmal eine Mahlzeit serviert.

Er instruierte mich über die notwendige Verhaltensweise der nächsten Tage und Wochen sowie die weitere medizinische Betreuung. Die Klammern sollen zwei Tage später vom Hausarzt entfernt werden, hierfür bekam ich einen steril verpackten Klammerentferner überreicht. Weiterhin müsse der Entzündungswert überwacht und weiter medikamentös behandelt werden. Außerdem solle ich darauf achten, dass ich die Narbe nicht durch zu schweres heben überbelaste. Die nächsten sechs Wochen waren maximal fünf bis steigend maximal zehn Kilogramm angesagt.

Der nächste Kontakt mit dem Urologen war für in drei Monaten angesagt, die nächste bildgebende Untersuchung solle in etwa sechs Monaten stattfinden.

Ansonsten war man seitens der Urologie der Meinung, dass die Operation in Bezug auf die Entfernung des kranken Gewebes sehr gut verlaufen und der Heilungsverlauf bisher positiv fortgeschritten sei.

Das Ergebnis der feingeweblichen Untersuchung sei ein Tumor der Klassifikation

pT1b cN0 cM0 G1R0

gewesen – und das ließe eine gute Prognose zu.

Später habe ich dann zu Hause im Internet nach dieser Formel recherchiert und erfahren, dass

pT1b - Tumor 4 bis 7 cm groß
cN0 - keine Lymphknotenmetastasen
M0 - keine Fernmetastasen
G1- gut differenziert

und somit eine einigermaßen positive Lebenserwartung bedeutet.

Jetzt erst wurde mir bewusst, dass das die wichtigste Formel meines Lebens war.

Dies, obwohl statistisch gesehen, bei meinem Befund die Chance die nächsten fünf Jahre zu überleben, bei nur 60 % bis 75 % liegt.

Aber immerhin, die Hoffnung stirbt zuletzt!

Entscheidend für die Prognose der Lebenserwartung ist das Vorhandensein von Metastasen. Sind keine da, leben nach fünf Jahren noch 60 bis 75 % der Patienten, nach zehn Jahren sind es nur noch 40 bis 50 %. Wurden Metastasen festgestellt, lebt ein Jahr nach deren Diagnose noch die Hälfte der Patienten, nach fünf Jahren nur noch 5-10 %. Diese hohe Sterberate konnte trotz der frühen Erkennung der Tumoren bisher nicht gesenkt werden.

Angesichts der jedes Jahr zunehmenden Lebenserwartung, in Deutschland liegt sie zurzeit bei etwa achtzig Jahren, bestehen da selbst in meinem Fall nicht die allerbesten Aussichten, diese jemals zu erreichen.

Alle meine bisherigen Krankheiten waren überwiegend „mechanischer Art" gewesen und irgendwie repariert worden. Jetzt aber war etwas Neues auf mich eingestürzt. Ein bei der Zellteilung aufgetretener genetischer Fehler hatte ein lebenswichtiges Organ überfallen und drohte es komplett in seinen Besitz zu nehmen. Wie und wodurch dieser Fehler entsteht, ist bei jedem individuell anders.

Die Krankheit ist feige und hinterhältig. Sie versteckt sich schmerzlos hinter, an oder in einem Organ. Sie verhält sich zunächst unbemerkbar. Wenn man sie nicht zufällig und noch rechtzeitig entdeckt und dann bekämpft, schlägt sie irgendwann unbarmherzig und fast immer mit tödlichem Ausgang zu. Somit ist es eine dumme Krankheit, weil sie ihren Ernährer umbringt.

Es gibt ja auch viele Menschen, die entgegen der Lehrmeinung der Schulmedizin einhundert prozentig davon überzeugt sind, dass Erdstrahlen, Wasseradern und Elektrosmog das Immunsystem schwächen und dadurch die Krankheit leichtes Spiel hat, sich einzunisten.

Ganze Horden an Wünschelrutengängern laufen durch Häuser und Wohnungen, ermitteln in den Schlafzimmern Wasseradern und/ oder Erdstrahlen und schlagen die Umstellung von Betten und Arbeitsplätzen sowie das Einlegen von Elektrosmog abschirmenden Folien oder Matten vor.

Einer meiner früheren Kunden hatte nach dem Tod seiner Frau nachts alle Schlafräume stromlos gemacht und nur noch eine batteriebetriebene Notbeleuchtung im Einsatz.

Ich rief meine Frau an und sagte ihr, dass sie jetzt kommen könne. Von dem im Fahrstuhlbereich liegenden kleinen Stations-Aufenthaltsraum hatte man einen guten Überblick über den gesamten Klinikvorplatz und auch die Einfahrt zum Parkhaus. Nach etwa zwanzig Minuten fuhr unser CHEVI ins Parkhaus und nach einer kurzen Weile kam meine Frau, wiederum begleitet von unserer Tochter, heraus. Sie traten lachend ins Zimmer und die Tochter meinte, dass sie es sich nicht nehmen lassen wollte, mich mit abzuholen und bei meinem Klinik-Auszug zu begleiten.

Zu Hause legte ich mich erst einmal für zwei Stunden ins Bett, der Morgen hatte mich doch ziemlich geschlaucht.

Während in der Klinik darauf geachtet wurde, dass ich ausreichend Flüssigkeit zu mir nahm und diese auch genügend ausgeschieden wurde, musste ich jetzt selbst für mich sorgen. Ich überwachte die getrunkene Flüssigkeitsmenge und beurteilte die dementsprechende Ausscheidung in Menge sowie deren Farbe und Klarflüssigkeit.

Am übernächsten Tag fuhr mich meine Frau zur Arztpraxis und während sie im Auto auf mich wartete, befreite meine Hausärztin die Narbe von zweiunddreißig Klammern. Der mitgemachte chirurgische Klammeraffe tat dabei gute Dienste, bis auf drei oder vier kurze Pikser war die Aktion ziemlich schmerzfrei. Der Schnitt selbst sah sehr gut aus, die Würste darüber und darunter jedoch waren immer noch da und hatten sich bisher noch nicht oder kaum zurückgebildet. Die Narbe wurde mit einem Spray desinfiziert und noch einmal mit einem Klebepflaster versehen. Nach dem nächsten Duschen könne sie dann offen bleiben.

Die Ärztin war über die Größe des Schnittes ziemlich überrascht. Sie hat es sich dann so erklärt, dass ja auch die Wasserzyste entfernt und dafür mehr Freiraum benötigt wurde.

Zu Hause begann jetzt die Zeit der Erholung und der weiteren Genesung.

Schon in der Klinik hatte ich das Angebot einer Anschlussheilbehandlung abgelehnt, was auch im Abschlussbericht entsprechend vermerkt wurde.

Ich hatte abgelehnt, weil ich ja nicht metastasiert war, demzufolge keine weiteren Nachbehandlungen benötigte und zu Hause im Familienkreis die beste Reha der Welt erhalten würde.

Morgens wurde lange geschlafen, mittags ging es dann wieder ins Bett. Nachmittags wurde Rommee gespielt oder ich erhielt von allen Seiten Krankenbesuch.

Nach einer Woche wurde das Blut hinsichtlich der Nierenleistung und des Entzündungswertes untersucht und weil hier generell eine Verbesserung eingetreten war, der nächste Termin erst für in drei Wochen festgelegt.

Das Ergebnis dieser Untersuchung lag schon fast im Normalbereich. Beide Nieren arbeiteten sowohl in Leistung als auch Filtration gut. Auch der Entzündungswert war weiter gefallen, jedoch noch nicht ganz zufriedenstellend.

Sechs Wochen nach der Operation fuhren wir mit unserem Wanderverein für drei Tage in den Odenwald. Während die sportlichen und fitten Wanderer größere Touren unternahmen, führte ich die fußkranken und die schon etwas älteren Wanderfreunde. So hatten wir erreicht, dass auch sie noch mitfuhren und mir tat es auch noch besser, die anstrengenden Touren noch nicht mitzumachen. Selbst bei den kleineren Wanderungen bis maximal fünf Kilometer und Unternehmungen wie Stadt-und Schlossbesichtigung hatte ich abends ziemliches Zwicken und Zwacken in der Narbengegend. Die zwischenzeitlich etwas zurückgegangen Wülste waren dann sehr druckempfindlich und stark angespannt. Auch hatte ich nach dem Essen immer wieder mal stechende und brennende Schmerzen am vorderen Narbenende im Bereich des rechten Oberbauchs. Dort war der Wulst leicht ausgebeult und ich konnte das Gewebe, wenn ich mit dem Zeige-und Mittelfinger draufdrückte, auch hin- und her schieben.

Drei Monate nach der OP hatte ich den ersten Nachsorgetermin bei dem Urologen. Die Ultraschall-Auswertung und die Urinprobe ließen zum jetzigen Zeitpunkt keine Auffälligkeiten erkennen. Die Prostata hatte sich seit dem letzten Befund nicht weiter vergrößert, bedurfte jetzt aber einer medikamentösen Behandlung. Die normalerweise in Größe und Form einer Kastanie ähnelnde Vorsteherdrüse war bei mir fünf Zentimeter groß und verengte, weil sie sich in der Regel nach innen aus-

dehnt, die Harnröhre. Hierdurch wird der Harn-
fluss verlangsamt und es kann dazu führen, dass die
Blase nicht richtig entleert wird. Im ungünstigsten
Stadium kann es zu einem Urinrückstau kommen,
der das Nierengewebes schädigen und eine Niereninsuffizienz zur Folge haben kann.

Gerade in meinem Fall war es jetzt besonders
wichtig darauf zu achten, dass der Urinfluss funktioniert und möglichst eine so gut wie vollständige
Entleerung der Blase stattfindet. Ich bekam ein
Medikament verschrieben, welches die glatte Mus-
kulatur in der Prostata und am Blasenhals ent-
spannt und so bewirkt, dass die Harnflussrate ge-
steigert und die Beschwerden gelindert werden.

Das Ergebnis der kurz vor diesem Termin bei
meinem Hausarzt erstellten Blutuntersuchung war
bis auf den immer noch leicht erhöhten Entzündungswert in Ordnung. Man konnte somit sagen:
„Nach drei Monaten arbeiteten alle Aggregate zufriedenstellend."

Das Sekretariat des Urologen rief in der Radiologie an und vereinbarte einen MRT-Termin. Zum
jetzigen Zeitpunkt zog der Arzt diese Methode dem
CT vor, weil hier keine Belastung der Nieren durch
Kontrastmittel und Röntgenstrahlen entsteht. Immerhin hatte ich bereits innerhalb der letzten sieben Monate einmal in der CT-Röhre gelegen, ein-

mal an der Röntgenwand gestanden und war zweimal während der Dichtheitsprüfung geröntgt worden.

Der Termin war erst in zehn Wochen, der zwischen der Operation und der Untersuchung im Entlassungspapier vorgeschlagene zeitliche Abstand von sechs Monaten wurde somit in etwa eingehalten.

Anfang September führten wir unsere alljährlich stattfindende Herbstwanderwoche durch. Als Ziel hatten wir dieses Jahr die Mainschleife in der Nähe der hinter Würzburg gelegenen Stadt Volkach ausgewählt, hier waren diverse Wandertouren und Stadtbesichtigungen geplant.

Einer unserer fleißigsten Wanderer hatte schon seit längerer Zeit Probleme derart, dass er bei etwas ansteigenden Strecken starke Rückenschmerzen und ein gewisses Taubheitsgefühl in den Beinen bekam. Dadurch war seine Teilnahme und auch die seiner Frau noch bis kurz vor der Anreise infrage gestellt, was unsere Organisation insgesamt ziemlich durcheinander gebracht hätte. Nicht nur die späte Stornierung des Hotels, sondern auch das fehlende Auto und somit die fehlende Mitfahrgelegenheit weiterer Wanderer, hätten Probleme bereitet.

Da ja auch ich noch gehandicapt und nicht voll belastbar war, sagte ich ihm zu, dass ich mich um ihn kümmere und er die Tage mit mir gemeinsam ohne anstrengende Touren verbringen kann. Es lohne sich also, doch mitzufahren. Das taten die beiden dann auch – und es war gut so.

Während die Gruppe Touren bis zu vierzehn Kilometer absolvierte, machten wir kleine bis mittlere Spaziergänge, erkundeten schon einmal vorab einen für die nächsten Tage vorgesehenen Stadtrundgang und trafen uns irgendwann nachmittags mit den anderen. Wir schafften es, die Tage zu überbrücken. Zumindest hatten wir morgens während des Frühstücks und dem fröhlichen Beisammensein nach dem Abendessen eine schöne gemeinsame Zeit.

Auch jetzt nach sechs Monaten hatte ich abends noch Probleme mit dem Narbenwulst und mittlerweile die Befürchtung, dass ich hier einen Narbenbruch erlitten habe. Hierbei handelt es sich um einen im Bereich von Operationsnarben auftretenden Eingeweidebruch der Bauchdecke. Das ist die Folge einer mangelhaften Festigkeit von Bauchwand und Operationsnarbe nach vorangegangenen Bauchoperationen und stellt eine häufige Spätkomplikation dar. So erleidet etwa jeder fünfte Patient nach einer Bauchoperation einen Narbenbruch.

Meist tritt dieser innerhalb des ersten Jahres nach der Operation auf.

Nach unserer Tour wurde unser Wanderfreund untersucht und die Ultraschall-Auswertung ergab, dass er eine massive Verengung der Beinschlagadern hatte und an der sogenannten Schaufensterkrankheit litt. Während eines operativen Eingriffs in der Beuge wurden die Verengung geweitet und das eingelagerte Gerinnsel mit einem speziellen Wirkstoff aufgelöst.

Heute geht es ihm wieder einigermaßen gut. Die möglichen Wegstrecken nehmen zu und notgedrungen, das Rauchen ab. Sein Ziel ist es jetzt durch gesündere Lebensweise, viel Bewegung und kontinuierliches Wandern wieder auf sein früheres Leistungs-Pensum zu gelangen. Auch er hatte schon vor Jahren zwei künstliche Kniegelenke erhalten und bis zu seinen Beinverschlüssen oftmals zwölf Kilometer und mehr gewandert.

Jetzt hat jeder von uns beiden sein persönliches Handicap und wir haben uns vorgenommen, durch gemeinsame Aktivitäten in unserem Wanderverein zu versuchen, wieder einigermaßen fit zu werden. Dann können wir uns noch lange an den Aktivitäten unseres Vereins erfreuen. Voraussetzung hierfür ist aber auch, dass sich bei mir in den nächsten

Monaten und Jahren keine Metastasen bilden und sich bei ihm die Venen nicht erneut zusetzen.

Einen Unterschied gibt es jedoch zwischen uns: Während er, wenn die Venen frei bleiben, den Altersdurchschnittswert locker erreichen kann, ist das, zumindest statistisch gesehen, bei mir nicht mehr drin.

Jedenfalls planen wir erst einmal schon jetzt im Spätherbst die Wanderungen und Aktivitäten des nächsten Jahres, hier sind wir beide wieder voll berücksichtigt und eingebunden.

Schon bei der Vereinbarung des MRT-Termins vor zehn Wochen hatte mir die Sekretärin gesagt und auch aufgeschrieben, dass ich am Morgen des Untersuchungstages einen Liter Ananassaft trinken müsse. Der Saft enthält sehr viel Mangan, das wirke wie ein Kontrastmittel und es könnten Hohlräume der Organe im MRT besser dargestellt werden.

Das tat ich dann auch noch zu Hause und saß dann anschließend mit einer leichten Saft-Wampe pünktlich in der ewig vollbesetzten Stuhlreihe im Gang vor den Umkleidekabinen der Radiologie.

Von drinnen hörte man die Befehle „Luft tief einziehen", „Luft ausblasen" und „Luft anhalten" sowie das Gehämmere und Gehupe der an den Magnetspulen rüttelnden Magnetfelder. Dann war ich dran. In der Umkleidekabine musste ich alles ablegen, nur Hose und Socken konnten an bleiben.

Mir wurde noch ein Zugang in den linken Handrücken gelegt, um situativ ein leichtes Kontrastmittel verabreichen zu können. Dann wurde ich, mit den Armen über den Kopf hin ausgestreckt, den Kontrastmittel-Schlauch in der linken und den Notfallknopf in der rechten Hand, in die Röhre gefahren. Ich hatte schon in engeren Röhren gelegen, die Position mit den ausgestreckten Armen war, zumal ich schon seit Wochen eine leichte Zerrung in der rechten Schulter hatte, dennoch sehr belastend.

Die ganze Aktion dauerte etwas mehr als dreißig Minuten, wobei ich über den Kopfhörer mehrmals aufgefordert wurde „Luft tief einziehen", „Luft ausblasen" und „Luft anhalten".

Irgendwann war das mit dem Stillliegen kaum noch auszuhalten. Die Arme waren wie steif und schmerzten, die Narbe zwickte und spannte. Zwischendurch hörte ich die Stimme der Assistentin, die mich fragte, ob bei mir alles in Ordnung sei. Ich sagte „Ja" und fragte „Warum?"

Sie antwortete, ich hätte zweimal den Alarmknopf ausgelöst und sie hatte befürchtet, dass es mir nicht gut ginge. Ich war wohl in der doch ziemlich verkrampften Stellung versehentlich auf den

Knopf gekommen und hatte im Kontrollraum den Alarm ausgelöst. Als sie mich dann endlich herausfuhren war ich fix und alle. Die Assistentin half mir mich aufzusetzen, nahm den Kopfhörer ab und führte mich zu einem Stuhl, um mir dort den Zugang zu entfernen.

Ich zog mich an und ging mit rotem Kopf und sichtlich mitgenommen hinaus auf den Flur. Hier wird man dann von vielfachen Blicken empfangen. Selbst noch die Prozedur und deren Diagnose vor sich, kommt bei den meisten Wartenden unweigerlich der Gedanke und die Frage auf: „Der hat es hinter sich!" und „Was wird der wohl haben?" oder „Krank sieht der eigentlich gar nicht aus!"

Irgendwann hallte mein Name durch den Flur und der Radiologe bat mich in sein Zimmer und Platz zu nehmen. Wir kannten uns schon von vergangenen Untersuchungen, auf einem der Bildschirme war meine gesamte Historie aufgeführt.

An die letzte MRT konnte sich auch der Arzt noch erinnern.

Flach auf dem Bauch liegend und die Arme noch vorne in die Röhre gestreckt, wurden mir damals beide Hände untersucht um herauszufinden, woher diese wahnsinnigen Schmerzen in den Fingern und Gelenken kamen. Damit die Hände während der Aufnahmen ruhig da lagen, wurden die Unterarme mit kleinen Sandsäcken fixiert und dann festgebunden.

Im Gegensatz zu heute war ich ohne eine Besprechung des Untersuchungsergebnisses nach Hause geschickt worden. Es hieß nur, dass der Diagnosebericht direkt an den Rheumatologen gehe und ich von dort bezüglich der weiteren Behandlung Bescheid bekomme.

Gerade zu Hause angekommen und schon das Essbesteck in der Hand, klingelte das Telefon und am anderen Ende der Leitung war der Radiologe. Mit den Aufnahmen sei etwas nicht in Ordnung und ich müsse sofort noch einmal vorbeikommen um neue zu erstellen, jetzt aber mit einem Kontrastmittel.

Ich sagte ihm, dass ich wohl nicht richtig gehört habe. Ich soll jetzt gleich vorbeikommen und diese anstrengende Prozedur noch einmal über mich ergehen lassen?

Er sagte, dass ihm das ja auch leidtäte, aber es müsse sein. Es sollen aber nicht alle Ebenen noch einmal aufgenommen werden, dadurch werde sich das Ganze auf etwa zehn Minuten beschränken.

Ich ließ mir das Essen warm halten, war fünfzehn Minuten später da und wurde unter Hinzugabe eines leichten Kontrastmittels noch einmal, wieder auf dem Bauch liegend und die Hände nach vorn in die Röhre gestreckt, untersucht. Es dauerte nicht wie beim ersten Mal zwanzig, sondern jetzt nur noch fünfzehn Minuten. Er hatte Recht behalten – es war weniger.

Das Ergebnis besprach der Radiologe jetzt aber gleich im Anschluss mit mir. Es lautete „Rheumatoide Arthritis" – eine Erkrankung der Gelenke und Knorpel, welche sich in meinem Fall speziell in beiden Händen niedergelassen hatte. Jene Krankheit, die ich schon einmal erwähnt und mit der Apfelessig-Kur in den Griff bekommen hatte.

Jetzt saß ich wieder hier und wir besprachen ein weiteres Untersuchungsergebnis. Er zeigte mir auf dem Bildschirm das Operationsergebnis so, wie es sich jetzt nach sechs Monaten darstellte. Ich hatte alle meine früher erstellten CT-und MRT-Bilder zu Hause auf meinen Rechner aufgespielt und mir einen gewissen Blick dafür angeeignet. Was hier ich jetzt hier sah, erschreckte mich nun doch ziemlich stark. Anstelle einer klar umrissenen Nierenkontur sah man im Bereich der Tumor-Entnahme unklares Gewebe, welches der Arzt auch nicht so ad hoc deuten konnte. Es könnte Narbengewebe mit Verwachsungen oder auch auf die Narbe aufgelegtes Körperfett sein. Jedenfalls müsse es beobachtet werden. Wächst es, ist es nichts Gutes. Bleibt es oder wird es sogar kleiner, wird alles wieder gut.

Den nächsten Untersuchungstermin beraumte der Arzt in drei bis vier Monaten an. Dann könne man einen Vergleich anstellen und daraus weitere und genauere Schlüsse ziehen.

Jetzt bekamen die schon früher mal von kranken Leuten gehörten Worte – ich lebe und hoffe von Termin zu Termin – bei mir eine neue und ganz eigene Bedeutung.

Während wir am nächsten Nachmittag etwas ruhten, läutete das Telefon. Meine Frau nahm das Gespräch an und übergab es mir wortlos, aber mit besorgtem Blick. Es war der Urologe und der informierte mich darüber, dass er den radiologischen Bericht erhalten habe und er, genau wie im Bericht vorgeschlagen, eine nächste Untersuchung im genannten Zeitraum befürworte. Auch er könne die Bilder nur so deuten wie der Radiologe, ein relativ kurzfristiger Vergleich würde dann Aufschluss bringen. Ich solle mit seinem Sekretariat einen entsprechenden Termin vereinbaren, wir würden uns dann ja wiedersehen.

Jetzt hatte ich innerhalb von vierundzwanzig Stunden zweimal dasselbe gehört und die Gewissheit über den Operationserfolg und ein zukünftiges, unbeschwertes Leben war noch einmal vertagt worden.

Bereits vor der MRT-Untersuchung hatte ich meiner Hausärztin während einer Blutbesprechung noch einmal den immer noch vorhandenen Narbenwulst gezeigt. Nach einer Untersuchung mit Tasten und hin-und herschieben stand jetzt für sie fest: Narbenbruch.

Sie vereinbarte sofort einen Termin in der Allgemeinen Chirurgie des Klinikums. Ihre Diagnose sollte durch eine Ultraschalluntersuchung untermauert und die dann notwendig werdenden Schritte für eine Operation eingeleitet werden.

Jetzt nur mal hinzugehen und sich eine ambulante Ultraschalluntersuchung machen zu lassen, ist bei einem so komplexen Gebilde eines großen Klinikums nicht drin. Schon die Frage nach der Fachabteilung wird von der uniformierten Dame in der Auskunft mit der Gegenfrage „haben Sie einen Termin?" beantwortet. Nach dem „Ja" wird man zur Anmeldung oder besser gesagt, zur „Stationären Anmeldung" beordert. Obwohl noch gar nicht feststeht, ob man stationär aufgenommen und operiert werden muss, geschieht alles schon so, als ob.

Mit der Termin-Vereinbarung wurde die Bereitstellung meiner Krankenakte aktiviert und sie befand sich bereits in der Termin-Verwaltung der

Anmeldung. Der Fall „Gunter Stark" konnte seinen weiteren Verlauf nehmen.

Nach Erledigung der üblichen Formalitäten wurde ich mit meiner Akte in der Hand zum Sekretariat der Allgemeinen Chirurgie geschickt. Dort forderte man mich auf, im Wartebereich 6 Platz zunehmen und zu warten, bis ich aufgerufen werde. Der Wartebereich 6 war voll besetzt und ich nahm in 7 Platz.

Ich hatte jetzt Gelegenheit mir die Akte einmal intensiver anzusehen und fand hinter den mir bereits bekannten Entlassungspapieren einen detaillierten Operationsbericht. Der schilderte sehr genau die Entfernung des Tumors mit dem fünf Millimeter Sicherheitsschnitt im gesunden Nierengewebe, das Ergebnis der feinmikroskopischen Untersuchung und die Abdeckung der Wunde mit Körperfett. Somit kann Letzteres das sein, was man im MRT gesehen hat und nicht genau definieren konnte. Das gab jetzt doch wieder ein bisschen Hoffnung.

Dann kam eine Schwester, nahm mir die Akte ab und vertröstete mich und alle anderen Wartenden. Es sei ein Notfall eingetreten und wir müssten uns noch etwas gedulden.

Als ich dann einige Zeit später dran war und eine Assistenzärztin anhand der Ultraschalluntersuchung und manuellem Abtasten einen Narbenbruch bestätigte, war klar, dass hier operiert werden muss. Obwohl ich mich aufgrund meiner Vorgeschichte noch einmal beim „Chef" vorstellen sollte, wollte man jetzt schon gleich einen OP-Termin festmachen für den Fall, dass auch er der Operation zustimmt. Ich könne dann gleich nach dem Gespräch dableiben und die Vorbereitungen für die OP könnten noch am selben Tag beginnen.

Ich fühlte mich jetzt ganz einfach überrumpelt und hatte das Gefühl, man wolle mir hier eine Dienstleistung „Operation" verkaufen.

Im Nachhinein muss ich sagen, war das falsch.

Hätte ich zugestimmt, wäre die ganze Sache drei Wochen früher erledigt gewesen und mir wäre vieles erspart geblieben.

Am Tag des Termins mit dem „Chef" konnte ich mich direkt in seinem Sekretariat anmelden, bekam dort meine Akte erneut ausgehändigt und wurde wieder in den Wartebereich 6 verwiesen. Hier saß ich ja vor zwei Wochen schon einmal und hier wiederholten sich auch die Geschehnisse. Eine Schwester kam, nahm mir meine Akte ab, beruhigte und vertröstete die schon länger Wartenden und verwies wieder auf einen eingetretenen Notfall.

Wie auch in den beiden anderen auf dem gleichen Flur befindlichen Wartebereichen 5 und 7 saßen auch bei uns Patienten, die ein Köfferchen oder eine Tasche bei sich hatten und wohl direkt nach der Untersuchung auf die Station und in ihre Zimmer konnten.

Genauso wäre das bei mir gewesen. Heute hätten die Vorbereitungen begonnen und schon morgen wäre die OP gewesen. Von meiner Frau bekam ich das die nächsten Tage mehrfach vorgeworfen. Ich sei wieder einmal zu stur gewesen die vorgeschlagene Vorgehensweise zu akzeptieren und jetzt würde sich alles nur unnötig lange dahinziehen.

Im Nachhinein betrachtet hatte sie ganz einfach Recht.

Mein ganzes Leben lang hatte ich schwierige Entscheidungen erst nach reiflicher Überlegung und nicht ad hoc getroffen. Und so eine OP war doch eine schwierige Entscheidung. Ich hatte mich ganz einfach von dem Vorschlag der Ärztin überrumpelt gefühlt und das widersprach meiner bisherigen Handlungsweise. Ein bisschen mehr Vertrauen in das System des Klinikums hätte mit ziemlicher Sicherheit eine Verkürzung meiner Krankengeschichte zur Folge gehabt und mir auch die Kritik meiner Frau erspart.

Nach etwa zwei Stunden Wartezeit kam endlich Hoffnung auf. Der Chefarzt, dessen Gesicht ich vom Durchblättern der Klinik-Website kannte, schritt an uns Wartenden vorbei und verschwand in einem der Behandlungszimmer, in welches kurz davor ein Patient geführt worden war. Als dieser dann nach etwa zwanzig Minuten heraus kam und kurz darauf der Nächste hinein gerufen wurde, war jedem Wartenden klar – jetzt geht es vorwärts!

Aber nur so lange, bis die Tür wieder aufging, der Chef heraus kam und mit einem freundlichen Lächeln und Kopfnicken in unsere Richtung vorüber schritt und verschwand. Man denkt ja dann immer noch, dass er nur mal im Büro etwas zu erledigen hat oder halt mal eine Tasse Kaffee trinkt. Dass er danach zurückkommt und mit den Patientenbesprechungen weiter macht. Das tat er dann aber nicht, eine weitere halbe Stunde verstrich.

Jetzt kam das, was jedem, der darauf wartet aufgerufen zu werden, schon einmal passiert ist. Nach mehr als zweieinhalb Stunden Wartezeit macht sich die Blase bemerkbar und du denkst, dass wenn du jetzt gehst, garantiert dein Name aufgerufen wird. Entweder du sagst jetzt deinem Stuhlnachbarn, wer du bist, oder du versuchst, eine der Schwestern zu erwischen und informierst sie über deine kurze Abwesenheit. Letzteres tat ich dann auch, und teilte durch die offen stehende Tür der im Behandlungszimmer sitzenden Schwester unter Nennung meines Namens mein Bedürfnis mit. Sie sah kurz auf eine Liste und sagte, dass ich nach Erledigung meines Geschäftes direkt zu ihr kommen solle. Ich sei jetzt ohnehin an der Reihe gewesen.

Jetzt saß ich schon mal im Behandlungszimmer, jedoch immer noch ohne Arzt. Während die Schwester den Schriftkram bezüglich des vorhergehenden Patienten erledigte, konnte ich aus einer auf dem Schreibtisch liegende Liste ersehen, dass ich tatsächlich der dritte von insgesamt acht für den Chef vorgesehenen Patienten war. Was musste Wichtiges geschehen sein, dass man hier fünf Patienten so lange warten ließ? Mittlerweile glaube ich eine Erklärung dafür, in unserer Tageszeitung gefunden zu haben. Der Chefarzt ist dort mehrfach als Experte für Erkrankungen der inneren Organe am Leser-Telefon aufgetreten. Vielleicht hat er sich an diesem Tag für die Telefonaktion vorbereiten müssen.

Ist ja auch wichtig, aber so wichtig?

Ebenfalls auf dem Schreibtisch lag meine Akte und weil es eben meine Akte war, bat ich die Schwester, hineinsehen zu dürfen. Die Klinik hatte sich schon eine Kopie der vor einer Woche erstellten MRT-Diagnose kommen lassen und in die Akte integriert. Der Bericht beinhaltete die vom Radiologen mir gegenüber gemachte Diagnose, indem der Befund mit „am ehesten" oder „vom Aspekt her" als Narbenverwachsungen beschrieben wurde.

Jetzt hatte ich es auch schwarz auf weiß gesehen und in etwa drei Monaten sollte es hier weiter gehen.

Dann endlich kam ein junger Arzt herein und stellte sich kurz vor. Er informierte uns, dass er gerade aus dem OP komme, jetzt erst mal eine Tasse Kaffee brauche und anschließend die noch offenen Behandlungen des Chefs übernehmen werde. Nach einer weiteren Viertelstunde sah ich ihn durch die offen stehende Tür zwischen den beiden schräg gegenüberliegenden Behandlungszimmern hin und her pendeln. Einmal schaute er herüber und signalisierte mir, dass es nicht mehr lange dauert und er gleich kommen werde.

Dann war er da, stöberte die Akte durch und untersuchte anschließend per Abtasten den Narbenwulst. Dass ich erst vor kurzem hier war und eine Ultraschall-Untersuchung gemacht wurde, interessierte ihn nicht. Er betastete den Wulst und nachdem er mit Zeige-und Mittelfinger eine Vertiefung in die Bauchdecke drücken konnte, gab es nur noch die finale Diagnose „Narbenbruch" mit Maßgabe einer ziemlich zeitnahen Operation. Der Bruch drohte sich zu vergrößern, die Reparatur würde dann schwieriger. Man werde entlang der jetzigen Narbe öffnen, ein Netz einbauen und wieder verschließen. Es werde eine ganz normale Operation unter Vollnarkose, eine Nacht auf der Intensivstation, gefolgt von drei bis vier stationären Tagen, sein. Dann fixierten wir noch die Termine für den Vorbereitungstag und die ein paar Tage später stattfindende Operation.

Unsere Tochter hatte sich eine massive Erkältung zugezogen. Das, obwohl sie einen Urlaub auf den Malediven verbringen wollte und ich die Operation des Narbenbruchs vor Augen hatte.

So wie auch schon früher immer, als die Kinder und Enkelkinder noch klein waren, erwischte es mich zwei Tage später ebenfalls. Der Urlaub, wie auch die Operation, wurden verschoben. Sie ins nächste Frühjahr, ich zweieinhalb Wochen später.

Die Erkältung war bei uns beiden so heftig, dass wir Tage im Bett verbrachten. Während sie nach dem Abklingen der Husten-und Schnupfenattacken tage-und nächtelang mit Augen-und Kopfschmerzen zu kämpfen hatte, zog sich bei mir der Husten über mehrere Tage und besonders auch Nächte hin. Bei den zum Teil krampfartigen Anfällen musste ich jedes Mal mit der flachen Hand im Bereich des Narbenbruchs gegenhalten, sonst wäre sicherlich schlimmeres passiert und die Narbe weiter aufgebrochen. Da die Hustenanfälle sehr spontan auftraten, kam ich mit dem Gegenpressen oftmals gar nicht nach und somit etwas zu spät. Der Narbe hat das mit großer Wahrscheinlichkeit nicht gut getan. Schmerzmäßig zwar nicht, wohl aber die Beule über dem Narbenbruch war größer geworden.

Es gibt halt Sachen, die man wirklich nicht braucht. Man braucht nach einer solch schweren Operation keinen Narbenbruch und wenn der sich halt nicht vermeiden lässt, weil zwanzig Prozent aller Narben irgendwie brechen, braucht man nicht unbedingt auch noch eine solch massive Erkältung.

Ich schaffte es, bis zum verschobenen Vorbereitungstermin einigermaßen gesund zu werden. Dieser war anderthalb Wochen vor der Operation angesetzt und es war alles wieder wie bei der Nierenoperation vor sieben Monaten. Mit dem Unterschied, dass ich damals schon auf der Station war und jetzt noch einmal für fast zwei Wochen nach Hause konnte.

Der Vorteil lag jetzt darin, dass ich am Operationstag direkt „einrücken" konnte und so einen Nachmittag und eine Nacht weniger im Krankenhaus verbringen musste. Dadurch kommen Kliniken mit der Fallpauschale besser hin und auch für die Krankenkassen scheint diese Vorgehensweise lukrativer zu sein.

Jetzt meldete ich mich zum dritten Mal im Sekretariat der Allgemein-Chirurgie an, bekam wieder meine Akte ausgehändigt und wurde in den für das Fallmanagement vorgesehenen Wartebereich geschickt.

Neben mir nahmen ein Mann und eine Frau Platz. Mit einem Trainingsanzug bekleidet und dem mitgeführten Koffer deutete alles darauf hin, dass er noch heute stationär aufgenommen wird. Während er in einem der Untersuchungszimmer verschwand, kam ich mit der Frau ins Gespräch. Sie erzählte mir, dass bei ihrem Bruder vor vier Monaten ein Speiseröhrentumor festgestellt wurde und er hier in der Klinik operiert worden sei. Da er nie zu einem Arzt geschweige denn einer Vorsorgeuntersuchung gegangen sei, war die Krankheit erst entdeckt worden, als sie schon weit fortgeschritten war. Erst massive Schmerzen hatten ihn dazu bewegen können sich untersuchen zu lassen. Röntgenbilder und schlechte Blutwerte hatten dann die schlimme Krankheit an den Tag gebracht. Vor zwei Wochen hätten sich nun an verschiedenen Körperstellen fühlbare Knoten gebildet, denen man jetzt nachgehen wolle. Der Mann hatte fünfunddreißig Jahre als Schweißer gearbeitet und es lag nahe, dass die Schweißdämpfe im Laufe der langen Zeit auch an der Speiseröhre genagt haben.

Nach einiger Zeit kam der Mann aus dem Untersuchungszimmer. Als er bemerkte, dass wir uns unterhielten, trat er zu uns und erzählte mir in kurzen Worten nochmals seine Geschichte und dass er jetzt auf die Station 8 müsse, dort weiter untersucht und entsprechend behandelt werde.

Die Station 8 ist die Station, welche sich mit der Allgemeinen wie auch Onkologischen Chirurgie befasst und war auch die Station, in welche auch ich in knapp zwei Wochen einziehen werde.

Als sich die beiden verabschiedeten, wünschte ich ihm noch alle Gute und war mir in diesem Moment ziemlich sicher, dass wir uns nicht das letzte Mal gesehen haben.

Nachdem ich einer Schwester meine Akte ausgehändigt hatte, begann nach etwa einer Stunde der komplette Untersuchungs-Marathon. Lunge Röntgen, Blutabnahme, EKG, nochmals Ultraschall und das Gespräch mit der Anästhesistin.

Letztere erklärte mir, dass ich eine ganz normale Narkose bekommen werde, nach der Operation noch etwa eine Stunde in der Überwachungsstation an den Geräten bleibe und dann schon auf die Station komme. Nachmittags könne ich dann schon mit Unterstützung einer Pflegekraft aufstehen. Im

Übrigen brauche ich mir keine Sorgen zu machen, der Operationssaal sei mit seinen Überwachungs- und Rettungssystemen der sicherste Ort der Klinik.

Das Ganze zog sich über fast zwei Stunden hin. Danach wurde noch die Uhrzeit fixiert, zu welcher ich mich am Operationstag auf der Station einfinden müsse.

Ich trank noch einen Kaffee in der neu eingerichteten Cafeteria des Klinikums und fuhr, mit dem nächsten Termin im Rücken, nach Hause.

Die fast zwei Wochen überbrückte ich in absolutem Müßiggang. Ich schlief morgens lange und mittags noch einmal, las stundenlang in der Tageszeitung herum und löste Kreuzworträtsel. Bei schönem Wetter drehte ich ein paar Runden ums Haus, die frische Luft in den Lungen tat mir gut. Da ich mich recht wohl fühlte und auch der Bruch relativ wenige Probleme bereitete, trat das Thema Krankheit bei mir, und somit auch in der Familie, etwas in den Hintergrund.

Der Operationstag war ein Freitag. Viele Leute sind ja der Meinung, dass man sich montags und freitags nicht operieren lässt. Montags seien die Ärzte noch im Wochenende und freitags ziemlich abgearbeitet und gedanklich schon wieder drin. Auch wären die Stationen am Wochenende schwächer besetzt und die Betreuungsqualität entsprechend schlechter. Das mit dem Montag konnte ich nicht bewerten, das mit dem Wochenende aber lernte ich bald hautnah kennen.

Um fünf Uhr standen wir auf. Ich duschte noch einmal und um kurz vor sechs ging es los in Richtung Klinikum. Meine Frau lud mich vor dem Eingang aus und fuhr, während ich in der Drehtür des Haupteingangs verschwand zurück nach Hause, um unsere kleinere Enkeltochter schulfertig zu machen. Sie hatte bei uns geschlafen, da ihre Eltern abends noch andere Verpflichtungen hatten. Außerdem wollte sie noch einmal vor der bevorstehenden Operation gemeinsam mit der bei uns im Haus wohnenden Cousine einen Abend mit dem Opa verbringen.

Fast zu pünktlich meldete ich mich um 6:20 Uhr im Schwesternzimmer und wurde mit dem Hinweis, ich werde gleich abgeholt, in den Aufenthaltsbereich der Station geschickt. Zuerst war ich noch alleine, doch dann kamen recht schnell drei weitere Patienten hinzu. Jeder war bereit sich operieren zu lassen, hatte seine Tasche oder einen Trolley dabei und alle warteten, bis sie gleich abgeholt werden. Irgendwie hatte ich eine ähnliche Situation vor einiger Zeit schon einmal erlebt.

Nach einer Stunde wurde der Erste abgeholt, nach zwei Stunden war dann auch ich an der Reihe.

Ein Pfleger kam und führte mich auf das für mich vorgesehene Zimmer. Jetzt war ich doch ziemlich überrascht, denn mein Bett stand genau zwischen zwei ziemlich angeschlagenen und stark pflegebedürftigen Patienten. Während der vor etwa drei Wochen vorgenommenen Untersuchung hatte die Schwester gesagt, dass die Abteilung ganz neu renoviert worden sei und es bis auf wenige Ausnahmen eigentlich nur noch Zweibettzimmer gebe. Falls doch notwendig und gewünscht, könne ich dann immer noch einen Zusatzvertrag auf ein Zweibettzimmer abschließen. Und jetzt war es notwendig und gewünscht. Mit dem Zimmer hatte ich genau eine dieser wenigen Ausnahmen erwischt. Nicht dass mir die beiden anderen unangenehm gewesen seien, inmitten von zwei frisch operierten in kritischem Zustand zu liegen, war jetzt selbst für mich etwas zu viel.

Eine Nachfrage im Schwesternzimmer ergab, dass um 10:00 Uhr ein Platz in einem Zweibettzimmer frei wird und ich dort direkt nach meiner Operation einziehen könne. Die OP verschob sich dann auf kurz vor Mittag, sodass der Einzug doch noch vorher stattfand. Jetzt begann auch schon gleich die OP-Vorbereitung mit Rasieren, LMA-Tablette und Anziehen des Operationshemdes.

Mit dem Hinweis, dass ich heute schon der elfte Patient sei den sie fährt, kutschierte mich kurz nach halb eins eine junge Türkin mit Kopftuch in Richtung Operationsebene. Wieder standen wir zwischen neugierig oder mitleidig blickenden Wartenden vor den Fahrstühlen und nachdem wir nach unten gefahren waren, ging es wieder über unendlich lang erscheinende Flure und Gänge in den Vorraum des Operationssaales. Dort musste ich mein Bett verlassen und auf einen fahrbaren Operationstisch rutschen. Mir wurde erneut auf der linken Hand ein intravenöser Zugang gelegt, der Fingerclip mit dem Lichtsensor für die Sauerstoffmessung angebracht und der Kopf mit einer blauen Plastikhaube versehen. Da es sich ja um eine nicht allzu große und normalerweise unkomplizierte Operation handelte, sollte auf einen Beatmungsschlauch verzichtet werden, indem die Beatmung über eine Kehlkopfmaske erfolgt. Auch waren dieses Mal keine Drainagen und Katheter vorgesehen. Man ging davon aus, dass die ganze Aktion maximal eine Stunde dauert, kaum Blut fließt und auch die Blasenentleerung auf normalem Wege in die Bettflasche funktionieren wird.

Mit den besten Wünschen auf schöne Träume sah ich nur noch, wie mir die Narkoseärztin die Spritze in den Zugang einführte und ein Assistent die Sauerstoffmaske aufsetzte, dann war ich auch schon weg.

Die große Wanduhr zeigte schon halb vier, als ich auf der Aufwachstation langsam wieder zu mir kam. Ich hatte jetzt mehr Mühe die um mich herum vorgehenden Dinge zu erfassen, als nach der Nierenoperation vor sieben Monaten. Während es damals auf der Intensivstation ruhig und geordnet zuging, war jetzt ein Gewusel an grün gekleideten Personen um mich herum, welche mindestens zehn Betten betreuten und sich mit den verschiedensten Patientenzuständen befassten.

Ich brauchte dann auch wirklich die ganze volle Stunde, welche normalerweise für einen Patienten nach einer solchen Operation auf der Wachstation vorgesehen war. Immer wieder einmal trat ich kurzzeitig weg und wenn ich dann wieder bei mir war, beobachtete ich das Pflegepersonal beim Überprüfen der Daten auf den Kontrollmonitoren. Da keine sorgenvollen Mienen zu erkennen waren und nirgendwo Hektik aufkam, schien alles im Rahmen zu sein, ich musste mir somit keine Sorgen machen.

Obwohl schon während der Narkose Schmerzmittel verabreicht wurden, waren die Schmerzen in der Flanke sehr heftig. Daraufhin angesprochen sagte mir eine Schwester, dass später auf der Station durch Vergabe weiterer Mittel gegen gewirkt wird.

Nachdem ich freigegeben wurde, holte mich ein Pfleger ab. Von der Fahrt zur Station bekam ich kaum etwas mit, die Narkose zeigte doch erhebliche Nachwirkungen.

Das Bett auf seinem Platz am Fenster stehend, wurde mir auch gleich eine Schmerzmittelflasche angehängt. Erst die dritte Dosis zeigte einige Zeit später eine nachlassende Wirkung.

Nachmittags besuchten mich meine Frau und unsere Tochter. Ich war jetzt wieder voll ansprechbar und nachdem sie mein Bettoberteil etwas hochgefahren hatten, verschafften wir uns erst einmal einen Überblick über die Situation im rechten Flankenbereich. Es war tatsächlich keine Drainage eingelegt und die mit einem Klebepflaster abgedeckte etwa fünfzehn Zentimeter lange neue Narbe befand sich anscheinend auf dem alten Schnitt der Nierenoperation.

Abends bekam ich schon ein Standard-Abendbrot. Meine Frau schnitt es in kleine Häppchen, sodass ich auch im Liegen essen konnte.

Mit dem Bettnachbarn schaute ich abends noch etwas Fernsehen und nachdem die nochmals gemessenen Werte Puls, Blutdruck und Temperatur im Normalbereich waren, ging dieser Operationstag zu Ende.

Mein Zimmergenosse war seit vielen Jahren Kettenraucher und hatte auf beiden Seiten einen hochgradigen Verschluss der Halsschlagader. Er war schon einen Tag vor mir eingezogen und seine Operation wegen eines Notfalls über das Wochenende hinaus auf den kommenden Montag verschoben worden. Nach Hause wollte man ihn nicht lassen, es könnten sich ja mit dem Verschluss Komplikationen ergeben.

Die Nacht verlief sehr unruhig. Zum einen schmerzte die Wunde sehr, zum anderen benahm sich der Bettnachbar absolut rücksichtslos. Er warf sich im Bett hin und her, gähnte auch nachts lautstark und schaltete jedes Mal das Licht an, wenn er zur Toilette ging. Dies, obwohl das Zimmer durch die angrenzenden Gebäude relativ hell beleuchtet war. Da er ohne Rauch nicht leben konnte und auch während des Krankenhausaufenthaltes stündlich mindestens einmal im kalten Treppenhaus seine Nikotinsucht befriedigte, wurden alle Aktionen von einem kräftigen Hustenanfall begleitet. Später habe ich dann erfahren, dass er mit sechsundfünfzig immer noch Junggeselle war, nach dem Tod seiner Eltern alleine in einem eigenen Haus wohnte und demzufolge Rücksichtnahme auf andere Mitbewohner oder Partner nie gelernt hat oder ausüben musste.

Am Samstagmorgen besuchte mich der Chirurg und erkundigte sich nach meinem Befinden. Er informierte mich über den Operationsverlauf und sagte, dass er guter Hoffnung sei, die Reparatur des Bruches erfolgreich durchgeführt zu haben. Er habe ein etwa acht mal zehn Zentimeter großes Netz eingebaut, nach dem kompletten Einwachsen soll es eine gute Stabilität der Bauchdecke bewirken. Jetzt noch einige Tage Schonung, dann könne ich wieder langsam mit einer ansteigenden Belastung der Bauchmuskulatur beginnen.

Nachmittags ging es dann Schlag auf Schlag. Nacheinander kamen die Kinder und die Enkelkinder, zum guten Schluss dann wieder meine Frau.

Da jetzt im Zimmer viel Bewegung und Unruhe entstand, verbrachte der Zimmergenosse die meiste Zeit draußen auf dem Flur oder in der Raucherecke im Treppenhaus.

Der Fernsehabend stand ganz im Zeichen der Fußball-Bundesliga. Die Eintracht Frankfurt ging zu Hause gegen Leverkusen kläglich mit 1 : 3 unter.

Am Sonntagmorgen kam die kleine Visite – eine Schwester mit einem Arzt. Er nahm das Pflaster ab und inspizierte die Narbe. Alles sah gut aus und wahrscheinlich könne ich schon morgen, am Montagvormittag, nach Hause.

Am Fenster liegend hatte ich mich wieder leicht erkältet. Die im Rahmen der Flügel integrierte Frischluftzufuhr schloss nicht richtig dicht und so verspürte man bei den jetzt draußen vorhandenen leichten Minusgraden selbst in einem Abstand von einem Meter einen unangenehmen und nicht der Gesundheit dienlichen Luftzug. Der Hals kratzte und die Nase verlangte zunehmend mehr nach Taschentüchern. Das aufkommende Niesen und Husten belastete die neue Wunde sehr, das Gegenhalten mit der Handfläche war erneut angesagt.

Auch die Abführerei war wieder problematisch. Es bedurfte zunächst zwei Portionen flüssigem Abführmittel und nach dem die wieder nichts bewirkten, spät abends noch zwei Zäpfchen. Auch diese brachten erst am nächsten Morgen Erfolg. Jetzt stand zumindest diesbezüglich einer Entlassung nichts mehr im Wege. Nachdem auch noch am Montagmorgen die Visite nichts einzuwenden hatte, beschloss ich noch, das Mittagessen einzunehmen und mich anschließend abholen zu lassen.

Von dem Bettnachbarn hatte ich mich schon morgens verabschiedet und ihm alles Gute gewünscht. Die kleine Türkin mit dem Kopftuch hatte ihn schon früh abgeholt und so lag ich jetzt alleine auf meinem Bett und wartete auf die Entlassungspapiere sowie das letzte Mittagessen. Als dann beides da war, rief ich meine Frau an, um mich abholen zu lassen. Anschließend aß ich in Ruhe meine „Henkers-Mahlzeit".

Das Thema „Operationen und Pflege am Wochenende" kann ich jetzt, nachdem ich es hautnah erlebt habe, nur positiv bewerten. Lediglich die Gruppen der an den Visiten teilgenommenen Personen waren kleiner, was ja auch nicht unbedingt schlecht sein muss. Die Aufnahme am Operationstag hat etwas zu lange gedauert, danach haben aber alle an meinem Fall beteiligten Abteilungen gut funktioniert. Ich hatte in den drei Tagen Aufenthalt nie das Gefühl, dass ich an ärztlicher oder pflegerischer Betreuung vernachlässigt werde, alle waren stets kompetent, freundlich und hilfsbereit.

Den Patienten mit dem Speiseröhrentumor, den ich vor dem Arzt-Gespräch vor knapp zwei Wochen kennengelernt hatte, habe ich nicht mehr gesehen. Wahrscheinlich wurde er mittlerweile mit

Chemo-oder Strahlentherapie behandelt und befand sich auf einer anderen Station.

Zu Hause ging es mir schon gleich recht gut. Lediglich die Nächte waren insofern etwas problematisch, als das lange Liegen auf dem Rücken mit zunehmender Dauer Schmerzen im gesamten Beckenbereich verursachte. Normalerweise bin ich zur Hälfte Seitenschläfer und das ließ die Narbe, egal auf welcher Seite ich liegen wollte, nicht zu. Aber was soll's, denn ich konnte mich ja den ganzen Tag über entspannen und wenn nötig, auch noch nachmittags den fehlenden Schlaf nachholen.

Nachdem ich nach der Operation das erste Mal geduscht und dabei das großflächig aufgetragene und eingetrocknete Jod-Desinfektionsmittel abgewaschen hatte, habe ich mir die Narbe mal im Spiegel angesehen.

Der Chirurg hatte die alte Narbe auf eine Länge von etwa fünfzehn Zentimetern genau auf dem alten Schnitt aufgetrennt. Anschließend hat er das Kunststoffnetz eingebaut und die Wunde wieder mit einem sich selbst auflösenden Faden zusammengenäht. Bis auf den erneut über und unter dem Schnitt entstandenen Wulst sah alles recht gut aus. Wenn die Schwellung nach einiger Zeit zurückgegangen ist, wird man den neuen Schnitt kaum oder überhaupt nicht erkennen können. Aber das dauert noch Wochen und Monate, ich habe es ja schon einmal infolge der ersten Operation durchmachen müssen.

Schmerzmäßig verhielt sich alles im Rahmen. Es zwickte und zog manchmal schon gewaltig, war aber dennoch erträglich. Denn wie heißt der alte Spruch: „Wenn ich so liege, Herr Doktor, dann geht's." Auch eine fünfzehn Zentimeter große Operationsnarbe ist eine große Wunde die Zeit und Ruhe braucht, um abzuheilen und schmerzfrei werden.

Für die nächste Woche war ein Besuch bei meiner Hausärztin vorgesehen. Sie solle sich die Narbe einmal ansehen und wenn alles in Ordnung ist, auch das Kapitel Narbenbruch beenden.

Die Ärztin nahm den Klebe-Verband, den ich nach dem ersten Duschen selbst erneuert hatte, ab und war überrascht von der exakt auf dem alten Schnitt gesetzten neuen Operationsnarbe sowie dem bisher guten Heilungsverlauf. Die Narbe war nach zehn Tagen schon so gut verheilt, dass kein Pflaster mehr benötigt wurde – da solle jetzt Luft dran. In zwei, drei Wochen sei nicht mehr zu sehen, dass zwei Mal geschnitten wurde. Das Kapitel Narbenbruch konnte jetzt tatsächlich abgehakt werden.

Eigentlich wollte ich an dieser Stelle meine Krankheitsgeschichten beenden, die Entwicklung der für Anfang Februar vorgesehenen CT-Untersuchung abwarten und später einfließen lassen.

Doch dann bewahrheitete sich wieder einmal der alte Spruch: „Erstens kommt es anders- und zweitens, als man denkt."

Letzten Donnerstag, es war der 3. Dezember, ging ich morgens erstmals nach der Narbenoperation zu Fuß ins Dorf, um dort zwei wichtige Termine wahrzunehmen. Als ich nach etwa einer Stunde wieder zu Hause war, bekam ich kurz nach dem Mittagessen ziemlich massive Herz-Rhythmusstörungen. In Form und Empfindung so, wie am vierten Tag nach der Nierenoperation. Jetzt aber nicht nur wenige Sekunden, sondern über Stunden oder wie es sich später herausstellen sollte, über mehrere Tage.

In der Hoffnung, dass mit zunehmendem Nachmittag eine Besserung eintritt, wartete ich noch bis kurz vor dem Feierabend der Arzt-Sprechstunde mit einem Anruf und Meldung des Problems.

Ich solle sofort kommen, man werde ein EKG machen und versuchen, der Sache auf den Grund zu gehen.

Ich ahnte schon, was kommen wird und zog meinen Trainingsanzug und bequeme offene Schuhe an. Anschließend fuhr ich, genau wie vor Jahren nach der Herrentour, mit meiner Frau zur Praxis. Dort erwartete man mich schon und nach einem sofort geschriebenen EKG sowie Verabreichung einer Kochsalzlösung, fuhr mich ein Notarztwagen, jetzt aber einer der neuesten Bauart, in die Notaufnahme des Klinikums. Innerhalb von acht Monaten befand ich mich jetzt das dritte Mal hier in diesem Krankenhaus.

In der ambulanten Notaufnahme angekommen, wurde ich in ein Spezialbett umgelagert, anschließend in einer der Behandlungsboxen von einem Rettungs-Assistenten verkabelt und an einen Überwachungsmonitor angeschlossen. Der meinte nur, dass ich über meinen Zustand gar nichts sagen müsse, er sehe schon alles. Wie schon den ganzen Nachmittag über machte das Herz zwei Schläge, setzte dann einmal aus und führte danach den dritten und manchmal auch vierten mit doppelter Wucht aus. Dabei fühlte es sich jedes Mal so an, als würde das Herz aus der linken Brust springen. Ein sehr beängstigendes Gefühl, welches sich, weil die

Attacke ja auch schon so lange dauerte, bis hin zu Todesängsten verstärkte.

Es wurde nochmals ein EKG geschrieben, eine Blutabnahme vorgenommen und eine Spritze mit einem Blutverdünner verabreicht. Anschließend dauerte es fast eine Stunde, bis sich eine Ärztin um mich kümmerte.

Heute weiß ich, warum man mich da ohne eine weitere Aktion so lange liegen ließ.

Mit dem Blutverdünner sollte erreicht werden, dass sich ein eventuell vorhandenes Blutgerinnsel auflöst und so die Gefahr eines Hirnschlags oder Herzinfarkts verhindert wird. Nach etwa einer Stunde konnten sie sicher sein, dass hier nichts mehr passiert.

Danach untersuchte mich eine Ärztin per Stethoskop von der Lunge bis hin zum Puls auf den Fußreihen und befragte mich, zum dritten Mal in dieser Klinik, nach meinen bisherigen Erkrankungen, die in meiner Familie sowie das Geschehen rund um die Herzrhythmusstörung. Ich müsse heute Nacht hierbleiben, morgen Früh werde man mit intensiven Untersuchungen beginnen.

Nach ein paar Minuten kam ein Pfleger, der mich mit dem Spezialbett der ambulanten Notaufnahme auf die stationäre Notaufnahme der Medizinischen Klinik I fuhr. Dort musste ich in ein Krankenbett der Station umsteigen und wurde in ein zunächst noch mit zwei weiteren leeren Betten belegtes Zimmer gerollt. Es war ein ganz normales Dreibett-Krankenzimmer ohne irgendwelche Überwachungssysteme, die eventuell auftretende Komplikationen sofort an die Schwesternstation melden würden.

Nachdem ich zu Hause angerufen hatte und sich meine Frau und unsere Tochter auf den Weg zu mir gemacht hatten, lag ich ganze alleine im Zimmer. Irgendwie verstand ich die Welt nicht mehr. Vor wenigen Minuten befand ich mich noch in einem mit Ärzten und Pflegern gefüllten Raum unter sicherer Überwachung, jetzt lag ich hier mehr oder weniger hilflos alleine im Halbdunkel der Bettbeleuchtung. Was, wenn das immer noch stark hüpfende Herz noch größere Probleme bereitet und ich nicht mehr in der Lage bin, mich zu melden?

Dann kamen die beiden und nachdem ich ihnen das bisher Geschehene erzählt hatte, rätselten wir gemeinsam über das hier angewandte Behandlungskonzept.

Am nächsten Morgen löste sich alles auf, unsere Sorgen und Bedenken waren vollkommen unbegründet. Die Blutverdünnung hatte ja schon in der Notaufnahme gewirkt, sodass mir hier auf der

Normalstation nichts mehr passieren konnte. Eine weitere Monitor-Überwachung sei somit nicht notwendig gewesen.

Das Klinikum praktizierte schon seit einiger Zeit das Prinzip der Patienten-Zwischenversorgung. Nachdem die Notaufnahme erfolgt ist und feststeht, in welcher Richtung weiterbehandelt wird, kommen die Patienten für eine Nacht auf die Stationäre Notaufnahme des jeweiligen Fachbereiches – in meinem Fall die Innere Medizin. Am nächsten Morgen erfolgen dann die ersten Detailuntersuchungen und danach die Verteilung auf die Normalstationen.

Bei mir war das etwas anders. Aufgrund der Vorgeschichte, die letzte Narkose und OP war ja gerade mal zwei Wochen her, sollte ich zunächst auf der Durchgangsstation bleiben. Der Oberarzt war unter anderem Kardiologe und er wollte mich, zumindest bis die ersten Untersuchungen abgeschlossen waren, selbst auf seiner Station betreuen.

Die Blutwerte schlossen einen Herzinfarkt aus und so diagnostizierte man zunächst als Ursache der Rhythmusstörung ein Vorhof-Flimmern. Die daraufhin neben mindestens fünf Blutabnahmen durchgeführten Untersuchungen Herz-Ultraschall sowie Ruhe-und Belastungs-EKG zeigten zwar den unregelmäßigen Herzschlag, aber nicht den Auslöser. Auch bestand ich zu guter Letzt noch einen Lungenfunktions-Test.

Nachdem ich zwischen den immer noch andauernden Untersuchungen die drei letzten Nächte auf der Normalstation verbracht hatte, wurde ich mit einer erweiterten Medikation ‚eine Woche lang Magnesium' nach sieben Tagen Klinik-Aufenthalt als „organisch gesund" entlassen.

Der Grund für die Aussetzer können die in den letzten Monaten entstandenen psychischen Belastungen, aber auch die Folge der zwei relativ nahe hintereinander liegenden Narkosen und Operationen, die doch ziemlich massive Erkältung – oder auch alles zusammen – gewesen sein.

Ich packte meine Sachen zusammen und während ich auf die Entlassungspapiere wartete, aß ich noch zu Mittag. Das anschließende Warten nahm kein Ende, bis eine Schwester kam und mich aufforderte, noch einmal nach unten zu gehen, um ein letztes Vergleichs-EKG machen zu lassen.

Wieder zurück auf dem Flur, erwartete mich die mich betreuende Assistenzärztin und nachdem ich ihr den EKG-Ausdruck überreicht hatte, sprach sie mich auf meine Nieren-Geschichte an. Sie wollte wissen, wie die urologische Kontrolle verläuft und wann mir das letzte Mal die Lunge geröntgt worden sei. Da das vor neun Monaten im Zuge der Vorbereitungen für die Nierenoperation war, ordnete sie als Abschluss aller Untersuchungen eine erneute Röntgenaufnahme an.

Die Ärztin machte umgehend einen Termin in der Radiologie. Nachdem die Aufnahme gemacht und ich wieder in meinem Zimmer war, legte ich mich angezogen und abmarschbereit auf das Bett und wartete auf das Ergebnis der Auswertung.

Was, wenn sich jetzt herausstellen sollte, dass sich Metastasen gebildet haben und das gefürchtete Szenario, der zum Überleben wichtigen Therapien notwendig wird?

Ich dachte jetzt wieder an den winzigen Punkt, den die Ärzte nach der Nierenoperation auf der Röntgenaufnahme gesehen und dann doch wieder fallengelassen hatten. Andererseits konnte ich eigentlich froh darüber sein, dass die Röntgenuntersuchung jetzt und nicht erst nach dem nächsten CT-Termin im Februar gemacht wurde. Wenn sich etwas entwickelt hätte, wäre es jetzt vielleicht noch nicht zu spät.

Es waren wieder einmal bange Minuten, welche durch das Eintreten der Ärztin unterbrochen wurden. Freundlich und selbst sichtlich erleichtert übergab sie mir ein Kuvert mit den Entlassungspapieren. Sie habe sich die Bilder angesehen und zumindest aus ihrer Sicht keine Veränderungen erkennen können. Zwar würden die Radiologen auch noch einmal drüber schauen, sie meine aber, sich einigermaßen sicher zu sein. Ich sagte ihr, sie sei ein Engel und rief zu Hause an, um mich von meiner Tochter abholen zu lassen.

Die bei meiner Entlassung verordnete Magnesium-Therapie brachte so gut wie gar nichts. Wenn auch mittlerweile nicht mehr so intensiv, stolpert das Herz weiterhin so vor sich hin. Da unendlich viele Menschen an Herzstolpern mit mehr oder weniger Intensität leiden und die Medizin bislang keine wirksame Lösung parat hat, bleibt mir momentan nichts anderes übrig, als auch abzuwarten und zunächst damit zu leben.

Jetzt steht Weihnachten vor der Tür und ich werde meiner Familie ein Vorabexemplar dieses Buches schenken. Das, was ich bis jetzt erfahren, gefühlt und erlebt habe, beinhaltet meine Geschichte. Das, was noch kommt, ist offen und wird sich während der nächsten Untersuchung Anfang Februar zeigen.

In der bevorstehenden Silvesternacht werde ich, während draußen die Böller knallen und die Glocken das neue Jahr einläuten, noch einmal das alte Jahr mit all seinen guten und schlechten Geschichten Revue passieren lassen. Ein Jahr, in welchem mir diese schlimme Krankheit großes Leid mit immenser körperlicher und seelischer Belastung zugefügt hat. Aber auch ein Jahr, in dem ich eine gehörige Portion Glück zur Seite hatte und der Krankheitsverlauf eine aus jetziger Sicht doch noch gute Perspektive aufzeigt.

Offen bleibt die Frage, ob solche Belastungen, wie ich sie in dem relativ kurzen Abstand drei Mal durchmachen musste, eventuell latent vorhandene „Negative Zellen" aktivieren und irgendwann zum Ausbruch bringen können. Aber diese Frage ist auch für all diejenigen Menschen, die eine Operation erleiden müssen, aber eine solche Vorgeschichte nicht haben, relevant.

Wenn ich nachts oder auch nachmittags schlaflos im Bett liege, denke ich oft über die mir neu verliehene Chance nach. Wenn alles gut geht, noch ein paar Jahre in Hoffnung und Zuversicht auf ein Leben in Glück und eine einigermaßen beschwerdefreie Zukunft. Zwar mit den immer wieder notwendigen Untersuchungen, dann aber hoffentlich ohne aufkommende Komplikationen und begleitende Therapien.

In der Familie hat sich die Aufregung und Sorge um meine Nierenerkrankung etwas gelegt, ist sogar zeitweise beiseite gedrängt worden. Zumindest mir gegenüber redet man nicht mehr viel darüber – was gut so ist.

Die Herzrhythmus-Geschichte hat noch einmal ein allgemeines Angstgefühl aufkommen lassen. Die Diagnose, dass das Herz organisch gesund ist, wird jedoch dazu beitragen, dass sich unser Alltag weitestgehend normalisiert und wieder so stattfindet, wie er im früheren Leben einmal war.

Ich hoffe jetzt auf ein gutes neues Jahr. Ein neues Jahr, in welchem die positiven Nachrichten die negativen übertreffen. Das doch alles noch gut wird und das böse Wort, der „**Krebs**", keine Chance hat erneut aufzutreten, und dieses böse Wort für lange Zeit aus unserem Vokabular gestrichen werden kann.